乌兰察布市

集宁区

乔海龙 ◎ 主编

内蒙古人民出版社

图书在版编目 (CIP) 数据

话说内蒙古·集宁区 / 乔海龙主编 . -- 呼和浩特 ：
内蒙古人民出版社，2017.7
ISBN 978-7-204-14865-3

Ⅰ．①话… Ⅱ．①乔… Ⅲ．①集宁－概况 Ⅳ．
① K922.6

中国版本图书馆 CIP 数据核字 (2017) 第 182121 号

话 说 内 蒙 古 · 集 宁 区

HUASHUO NEIMENGGU JININGQU

丛 书 策 划	吉日木图　郭　刚
策 划 编 辑	田建群　张　钧　南　丁　王　瑶　贾大明
本 册 主 编	乔海龙
责 任 编 辑	李向东　石　煜　张　钧
责 任 校 对	郭靖赟
责 任 监 印	王丽燕
封 面 设 计	南　丁
版 式 设 计	安立新
丛 书 名 题 字	马继武
蒙 古 文 题 字	哈斯毕力格
出 版 发 行	内蒙古人民出版社
地　　　址	呼和浩特市新城区中山东路 8 号波士名人国际 B 座 5 楼
印　　　刷	内蒙古恩科赛美好印刷有限公司
开　　　本	710mm×1000mm　1/16
印　　　张	14.5
字　　　数	240 千
版　　　次	2017 年 11 月第 1 版
印　　　次	2017 年 11 月第 1 次印刷
印　　　数	1—4000 册
书　　　号	ISBN 978-7-204-14865-3
定　　　价	66.00 元

图书营销部联系电话：(0471) 3946267　3946269
如发现印装质量问题，请与我社联系。联系电话：(0471) 3946120　3946124
网址：http://www.impph.com

《话说内蒙古·集宁区》
编撰委员会

主　任：杨国文

副主任：付海青

编　委：苏力德　班秀萍　贺润根

《话说内蒙古·集宁区》
编写组

主　编：乔海龙

执行主编：冷　恒

编　撰：赵宏图　王玉平　陈　文　张秀峰　穆建国

　　　　赵青秀　张松云　邢俊峰　方忠达　赵辉珞

　　　　张燕霞　温　超　米万军

总　序

　　内蒙古自治区是我国第一个省级少数民族自治地区。全区辖9个地级市、3个盟、2个计划单列市，下辖52个旗（其中包括鄂伦春、鄂温克、莫力达瓦达斡尔3个少数民族自治旗）、17个县、11个盟（市）辖县级市、23个市辖区，共103个旗、县、市辖区。首府呼和浩特市。

　　内蒙古东西直线距离2400千米，南北跨度1700千米，土地总面积118.3万平方千米。广袤的土地蕴含着丰富的自然资源：从东到西的森林、草原、沙漠等地形地貌是天然独特的旅游资源；丰富的煤、铅、锌、稀土等矿产资源和风力、太阳能等清洁能源，为煤化工产业、有色金属产业、清洁能源产业的发展提供了支撑。地跨"三北"（东北、华北、西北），毗邻八个省区，与俄罗斯、蒙古国接壤，国境线长达4200千米，是我国向北开放的重要桥头堡和充满活力的沿边经济带的天然区位优势。气候适宜、土壤优质、草类茂盛、水源充足等优势，使农牧业的现代化建设不断走向深入。

　　这是一方丰饶的沃土，是我国北方少数民族世代生息繁衍的福地。它孕育了游牧文明，也是农耕文明与游牧文明的碰撞融合地带，在这里，不同文化相互碰撞、熠熠生辉，共同谱写了中华文明的恢弘乐章。这片土地上孕育出的仰韶文化、红山文化是中华史前文化的一部分，战国时期赵武灵王着胡服、学骑射，两汉与匈奴交往、和亲，两晋南北朝的鲜卑建立了雄踞北方的北魏王朝，隋唐与突厥建立了宗藩关系，契丹民族建立了辽代政权，蒙古民族创立了疆域广阔的大元王朝，明清与鞑靼、瓦剌等民族建立了藩属关系——历史上，北方少数民族或雄踞一方与中原交好，或入主中原，在不断风起云涌中铸就了内蒙古丰富、厚重的历史文化魂魄。进入近现代以后，内蒙古也走在抗敌御侮的前沿，为中华人民共和国的成立做出了巨大贡献。

　　这份丰厚的历史积淀当中，涌现了诸多杰出人物：他们或是一方霸主，统领一域；或是一代天骄，建万世之基；或是贤良能臣，辅助建国大业；或是时势英雄，救人民于水火；或是在各自领域堪称巨擘的名人雅士。这些人有耶律阿保机、成吉思汗、忽必烈、哲别、术赤、耶律楚材、乌兰夫、李裕智、尹湛纳希、玛拉沁夫、纳·赛音朝克图等等。

物华天宝，人杰地灵。广袤的土地除了养育了一代代的草原人，也成就了它丰富的地域文化：马头琴音乐、呼麦、长调等民族音乐，好来宝、二人台、达斡尔族乌钦等曲艺，安代舞、顶碗舞等民族舞蹈，刺绣、剪纸、民族乐器制作、生活用具制作等传统工艺，蒙医药、正骨术等传统医药医术，婚丧嫁娶等独特的礼仪习俗。内蒙古在音乐舞蹈、民间艺术、文学史诗、传统医药、手工技艺、民俗风情等方面都创造了独有的成就。

悠久历史文化滋养下的内蒙古，在党的领导下，迈向新的历史征程。内蒙古自治区成立以来，党和国家一直重视内蒙古的发展，也给予各类政策和经济支持。内蒙古也不负众望，各项事业均取得了令人瞩目的成就：经济保持平稳增长，人民的生活水平不断提高；民主法治得到有效推动；建立了独具特色的民族教育体系，民族教育水平不断提高；民生改善工作成绩斐然；生态文明建设取得较大成就；四通八达的立体交通网，把内蒙古与世界各地拉得更近……

纵观几千年历史，内蒙古在历史的长河中扮演了重要的角色，这不仅源于自然条件的得天独厚，也源于草原儿女的自立自强。虽然这片沃土上的民族大多以口耳相传的方式传承着自己的文化，但是仍有不少历史的碎片撒落在当地的史籍当中，这些史料汇集成册，将成为向世人介绍内蒙古的名片。为此，我们组织全区103个旗县（市区）的有关部门和专家学者，借助各地的丰富史料，把散见于各种资料中的人文历史、民俗文化、民间艺术、壮丽风光、当代风采、支柱产业等等汇编在一起，编纂出一套能够代表内蒙古总体面貌、能够反映时代特色和文化大区风范的大型读物——《话说内蒙古》，以展示我区经济发展、文化繁荣、民族团结、边疆安宁、生态文明、各族人民幸福生活的六大风景线。

一本书浓缩的仅仅是精华中的精华，万不足以穷尽所有旗县（市区）的方方面面。若本书为你敞开一扇了解内蒙古之窗，那么，读万卷书不如行万里路，内蒙古将以最大的热情迎接你：

赛拜侬——

欢迎你到草原来！

序

　　从神舟飞船鸟瞰美丽的蓝色星球，中国辽阔的版图如雄鸡起舞；4200公里边境线围绕的内蒙古如骏马奔腾；5.5万平方公里的乌兰察布市则像金雕展翅，翱翔在中国北方亮丽风景线的蓝天白云下。一颗璀璨的草原明珠镶嵌在金雕的胸前，处于通欧亚、接西北、环渤海、连京津的交通商贸物流中心位置上，雄踞"中国薯都、草原皮都、风电之都、中国草原避暑之都"核心地带！这里就是乌兰察布市的政治、经济、文化中心——集宁区！

　　战略重地，兵家必争；交通要道，商贾云集。赵武灵王的"胡服骑射"，汉元帝时的昭君出塞，康熙帝时期的满蒙和亲，北魏开国皇帝拓跋珪的开疆扩土；察哈尔铁骑纵横驰骋，走西口曲调驼铃声声，金戈铁马，三战集宁，壮烈史实曾被毛泽东主席多次重笔提及；多少历史悲喜剧，在这里轮番上演。文明间的碰撞激起的强烈火花在历史的大舞台上闪现，游牧文明与农耕文明在此汇合，形成了独具魅力的草原丝路文化。

　　金代设置集宁县，寓意"集市繁荣安宁"。大元盛世，集宁县升格为路级市，它横跨金元两朝，成为连接中原腹地和朔北大漠的重要商贸节点。集宁路遗址出土的文物，囊括了中原七大窑系瓷器和历代钱币，连考古名家都叹为观止。这里曾是草原丝绸之路上的历史重镇，又是富庶一方，贯通俄蒙、辐射周边的商埠名城。

　　文化灿烂历史厚重，经济沧海汇流百川，社会引擎万马奔腾。茶马古道财富波涛汹涌，草原丝路商贸天下汇通。朝代更迭的历史沧桑，如磅礴万里的深情吟唱，滋润着集宁文化的厚重，延续着千年跌宕的航

1

程，一个恢宏的腾飞梦想正在酝酿，一部壮阔的创新乐章正在激荡。

集宁的交通区位得天独厚，地处环渤海、呼包鄂经济圈结合部，内蒙古东进西出、北开南联交汇点，六条铁路与六条高等级公路穿城而过，贯穿东西南北，坐拥东北、华北、西北交通枢纽，也是我国通往蒙古国、俄罗斯和东欧国家的重要通道。每天从集宁南站驶出的列车近80次，直达俄蒙欧、京津沪，以及17个省会城市和110多个地级城市。车水马龙、千帆竞发，使之成为连接"一带一路"经济走廊不可或缺的节点城市。集宁机场、中欧班列与京呼高铁引领集宁跨天接地，集宁的交通优势更加凸显，届时集宁将进入首都1小时经济圈。

携手乌大张、融入京津冀、对接俄蒙欧"三大开放合作战略"的破题，将构筑蒙晋冀长城"金三角"经济合作区上升为国家战略，集宁迎来了难得的发展黄金期和战略机遇期，草原通衢，黄金要道，深厚的商业文明积淀，在这天赐良机的历史关头，毫不迟疑地释放并发挥出它的内在活力和发展优势。

集宁周边风光电能充裕，带动能源企业追风逐日；集宁地上地下矿产资源富集，召唤商界巨头热土掘金。农畜产品加工、装备制造、高新技术产业、皮革木材特色产业制销及旅游休闲度假集散"五大基地"建设气势如虹，文化、养老、体育、医疗四大新兴产业发展潜力无穷。马铃薯种薯繁育、种植、销售、深加工的产业体系龙头高昂，中国薯都核心区基本建成；装备制造延伸产业链条形成规模优势，风生水起；凭借悠久的皮毛贸易历史，集宁的皮革产业在数次沉浮之后终于揭开发展史上轰轰烈烈的一页。这既是一种对传统的革故鼎新，更是一种历史的必然。华北地区单体量最大的皮革购物广场、国家AAAA级购物景区集宁国际皮革城建成运营、新雅宝路市场成功入驻，像一艘劈风斩浪的皮件产业航母率先起航，形成制革、加工、销售于一体的产业体系，奠定中国北方皮件交易中心的地位，"草原皮都"实至名归，吸引各地客商纷至沓来。木材家具产业园充分利用俄罗斯、蒙古国丰富的木材资源，建设形成木材加工、保税仓储、综合服务三大功能区，将形成中国北方木材家具生产、销售、出口基地。乌兰察布市直属察哈尔经济技术开发区被列入自治区沿黄河、沿铁路线产业带重点工业园区，百家企业，灿若群星。蓝图舒卷，气势如虹。寰宇商业科技巨头云集山城，在互联网时代的大棋盘上，再次卷起财富的洪峰。迅猛发展的产业集群在老虎山、卧龙山下，商海弄潮、虎啸龙腾！

新时期，集宁物流产业上升到内蒙古自治区战略地位，集宁也因此被确定为重要物流节点城市，迎来新一轮大经贸、大流通、大发展机遇。占地90平方公里的集宁现代物流园区初具规模，2020年将跻身自治区"双百亿"工程行列。

集宁依托交通和区位优势，整合物流资源，大力发展以集宁现代物流园区为中心的专业市场、加工贸易和生产性服务业，打造蒙西经济带区域性中心城市、北方最大的陆路物流基地乃至中国陆路最大物流城。通过搭建综合保税区、公路物流港、铁路集装站三个平台，形成向东、向南服务京津冀晋，向西连接呼包鄂银，向北对接俄蒙欧的国内产品输出节点和资源进口通道。

随着我国与俄罗斯、蒙古国结成利益共同体，集宁作为欧亚大陆桥上的国际枢纽，区位优势更加凸显，货运途经乌兰巴托，接轨西伯利亚大铁路，直抵鹿特丹港。开辟国际联运大通道，融入国家丝绸之路经济带建设，腾飞的脚步不断向前迈进，昔日的草原丝绸之路必将再现繁华胜景！

1992年，集宁获准对外开放；2012年，恢复集宁海关锤落音定，集宁出入境检验检疫局随即挂牌，之后荣登"全国十佳食品安全城市""国家级园林城市"，成为吸引客商的又一大亮点。社会事业和谐进步，城市建设日新月异，基础设施配套完善，生活区域功能齐全，土地成本合理，劳动力资源充足，以及廉洁高效的政务环境、公平诚信的市场环境、舒适便利的生活环境、和谐安定的社会环境、可持续发展的生态环境和显著的产业积聚、孵化能力，使集宁成为承接产业转移的首选地区、开拓市场的最佳城市。

围绕自治区区域旅游发展思路，打造体现草原文化、独具北疆特色的旅游休闲度假基地。集宁区以前所未有的力度倾力做好"山、水、绿"三篇文章，全面启动"三山两河"生态建设工程，迅速跻身"国家生态文明示范工程试点市"行列。随着"五城联创"工作的稳步推进，作为神舟家园、首都后花园的集宁，将愈发显得风姿绰约、魅力四射！

阴山绿岛，天然氧吧。绿色之韵，红色之魂。在这崇尚自然、呵护

3

生态的山城，青松碧水相依环绕，公园广场星罗棋布，大型游乐场点缀其间。这里距草原胜景辉腾锡勒不远，离高原天池岱海很近，不出城市而获山水之乐，身居闹市可寻草原之美。中国北方旅游中转集散基地、草原避暑胜地——集宁，已然成为万众瞩目、宜业宜游的人居福地和投资热土。

老虎山、卧龙山虎踞龙盘，霸王河、白泉山绿水青山。40万集宁人民秉承千年历史的灵气，挥动霸王河银色哈达，高举太阳与月亮的金杯银盏，热切召唤着国内外有识之士，携手叩开成功之门，共同踏上锦绣前程！

中共集宁区委书记　杨国文

集宁区人民政府区长　付海青

2017年10月

目录 Contents

秀美山川

名胜古迹

山城传说

风土人情

名优特产

家乡英才

后记

集宁概况

HUASHUONEIMENGGUjiningqu

集宁概况

JININGGAIKUANG

集宁区位于祖国北疆亮丽风景线的正北方，雄踞闻名遐迩的中国薯都、草原皮都、风电之都、草原避暑之都、国家园林城市、国家卫生城市的核心地带，是乌兰察布市的政治、经济、文化中心。

集宁区鸟瞰图

区划人口

集宁区行政区域面积526.5平方公里，建成区面积60平方公里。现辖察哈尔经济技术开发区、一乡一镇、十个街道办事处，是乌兰察布市政府所在地，全市政治、经济、文化与信息中心，是一个以蒙古族为主体、汉族居多数的地区，人口40多万，居住着蒙古族、汉族、满族、回族、藏族、达斡尔族、朝鲜族、鄂温克族、维吾尔族、苗族、壮族、彝族、土家族、锡伯族等17个民族。

集宁新区一角

自然环境

集宁区处于阴山山脉东端南麓，黄旗海盆地。地形起伏较大，南部地势较平，总体属丘陵区，整个地形呈西高东低，北高南低，地质岩层较简单。相应的地貌有低山丘陵、高平台地、倾斜平原、河谷凹地四种基本类型。

集宁区地质结构决定了其地貌为低山丘陵，因此在这里的山势都不高，一般在1440—1497米之间。

集宁区土壤质地，壤质土占93.7%，在壤质地中沙壤土占多数，黏质壤土仅占1.65%。不同质地土壤的壤质、黏质、沙质所占比例分别为：栗钙土75%、1.65%、18.7%，棕钙土50%、4.1%、34.1%，灰色森林土77%、15.8%、1.9%，山地草甸土74.4%、12.5%、13%。因此集宁土壤质地是以沙壤土为主，其次为轻壤土。土壤状况是粒状结构60%，团粒状结构为0.83%。

集宁区植被类型包括草原植被、荒漠植被、山地灌丛植被。

集宁区处于温带大陆性季风气候区，地形为低山丘陵，大陆性气候显著，且兼有山地、高原气候的若干特征，形成极为复杂的天候现象。由于常受西伯利亚冷空气的侵袭，冬季较为寒冷。其基本特点是：气温变化急剧，忽冷忽热，昼夜温差悬殊；风强而频繁，春季更为严重；降水量少，雨季多集中在7—8月份；冬季长而夏季短；典型的大陆性气候特征，同时受东亚季风影响和山地丘陵区地形影响，冬季属非典型季风区，即夏季多偏东风，冬季多西北风。

集宁环境优美，夏季平均气温21℃，气候清爽宜人，全年空气质量优良天数达到300天以上，是旅游度假、休闲避暑的胜地，2015年

老虎山生态公园

被中国气象协会正式授予"中国草原避暑之都"。四季光照充足，气候冷凉，昼夜温差大，适宜冷凉蔬菜生长，生产的冷凉蔬菜口感好、品质高、耐储藏，并在北京市场占有一席之地。近年来，集宁大力实施"三山两河"（老虎山、白泉山、卧龙山，霸王河、泉玉岭河）生态建设工程，"显山、露水、透绿"的城市园林景观日益形成，先后被评为"全国绿化模范县（区）"、自治区园林城市和卫生城市。

集宁境内植物生长季节短暂。

草本植物历年生育期170天左右，禾谷作物生育期140天左右，露地蔬菜生产一年两茬，温室蔬菜一年四季均可生产。

集宁区位于黄旗海流域北部，有泉玉岭河、霸王河及尼旦河，三条河的流域面积共4360.4平方公里。泉玉岭河发源于察哈尔右翼中旗境内，全长约105公里，区内长约40公里，流域面积为1980.0平方公里。霸王河发源于卓资县境内，全长约93公里，区内长约22公里，流域面积2959.4平方公里。尼旦河距集宁城区北约11.0公里，属黄旗海流域，控制流域面积1421.0平方公里。

资源优势

得天独厚的区位 集宁区位于内蒙古自治区中部，阴山山脉灰腾梁南麓，地处北纬40°01′，东经113°10′。集宁自古以来就是我

四通八达的交通网络

国北方重要的军事要塞和商品集散地，是草原丝绸之路和草原茶马古道的重要组成部分，先后经历了集宁路、集宁县、集宁市、集宁区四种建制变更。现辖察哈尔经济技术开发区、一乡一镇和十个街道办事处，辖区总面积526.5平方公里，建成区面积60平方公里，是乌兰察布市政府所在地和全市政治、经济、文化、信息中心。1956年建市，1992年被国务院批准为对外开放城市，2003年撤市设区，2012年国家批准恢复设立集宁海关。集宁区位得天独厚，地处环渤海经济圈和呼包鄂金三角的结合部。集宁东临京津，距首都北京336公里，天津港400公里；南连晋、冀，距煤都大同100公里；西接呼、包，距首府呼和浩特130公里；北通二连浩特、蒙古国、俄罗斯，距二连浩特陆路口岸300公里。

四通八达的交通

集宁区交通便利，是我国进入蒙古国、俄罗斯和欧洲的重要通道，是自治区东进西出的"桥头堡"，北开南联的交汇点，是连接华北、东北、西北三大经济区的交通枢纽。京包线、集二线、集通线、大包电气化铁路和集张线五条铁路在此交汇；丹拉高速、二广高速、110国道、208国道及省际大通道五条公路主干线贯穿东西南北；北京到莫斯科、乌兰巴托，呼和浩特到法兰克福的国际列车途经集宁区，特别是随着京包铁路第二复线的通车和张呼高铁、京新高速公路、集宁机场的建设使用，集宁区的区位、交通优势更加凸显，届时将融入首都1小时经济圈。

铁路方面：京包（北京—包头）、包兰（包头—兰州）、集二（集宁—二连）、集通（集宁—通辽）、集张（集宁—张家口）、丰准（丰镇—准格尔）六条铁路线贯穿全区。设计时速为350公里/小时的京呼高铁（北京—呼和浩特），建成后察哈尔经济技术开发区至北京仅需一小时左右，高铁站就坐落于开发区内。

草原通衢

公路方面：2条国道（110国道、208国道）、3条高速（G6京藏、G7京新、G55二广）、1条省际大通道（呼满）在市区纵横交汇；准兴

（准格尔—兴和）重载运煤高速公路已通车。

航空方面： 乌兰察布集宁机场位于集宁区，已经通航，开通空中运输走廊，距呼和浩特白塔机场100公里，距包头300公里，距北京首都机场360公里，距大同机场110公里。目前，已经开通到北京、杭州、成都、重庆、天津、西安、哈尔滨、上海、海口等城市的航班，搭建起通往全国中心城市的航线网络，构筑乌兰察布航空立体交通，在空中架起了四通八达的"空中金桥"，使乌兰察布成为区域空中旅游通道的重要节点。

集宁机场

海运方面： 集宁区海关已恢复，距天津、秦皇岛、曹妃甸三大港均在400公里左右。

充足低廉的土地资源 集宁区土地资源丰富，现有土地面积为418.8平方公里，其中，耕地面积为120多平方公里，规划工业用地136平方公里，商业用地30多平方公里，且土地价格低廉。根据乌兰察布市规定的基准地价，集宁商业用地一类价格，北区2000元/平方米，南区价格1350元/平方米，开发区价格525元/平方米；工业用地一类价格，北区340元/平方米，南区价格230元/平方米，开发区价格120元/平方米。可为各类项目提供充足的用地，还为产业发展预留了充足的发展空间。

丰富多样的矿产资源 集宁周边地下矿产资源十分丰富，现已发现的矿种达80余种，查明的矿床、矿点478处，伴生矿290处，探明储量的有37个矿种，开发利用的有29个矿种，产地75处，其中特大型矿床两处，大型矿床11处，中小型矿床62处。经地质部门测算，已普查探明的矿产资源潜在经济价值5000亿元。列为优势矿产的有：萤石储量2088万吨，为亚洲之首；铜储量54万吨，居自治区第二位；膨润土储量1.69亿吨，占自治区储量的86.3%；石墨储量360.9万吨，占自治区储量的68.7%；石灰石储量8050万吨；硅藻土储量1882.9万吨；墨玉储量2000多万吨。

种类繁多的植物资源 集宁区植被属于半干旱草原植被类型，以多年生旱生草本植物为主，植物品种多，特别是莜麦、荞麦、红胡萝卜、土豆等产量高、品质好。阴山山脉药材资源十分丰富。野生药材植物有19余种，主要品种有麻黄、蒲公英、茵陈、黄芩、甘草、防风、柴胡、赤芍、毛知母、狼毒、百步草、麦冬、白头翁等。野生树种有13余种，主要有青杨、白杨、山杨、白榆、旱柳、小叶杨、乌柳、山杏等乔木类。灌木类有山地灌丛、柠条、小叶鼠李、沙棘、山樱桃等。野生牧草主要有芨芨草、马齿苋、羊茅、冰草、野大麦、沙打旺、苜蓿等。

独特凉爽的气候条件 集宁区属于温带大陆性季风气候，多年平均气温为4.5℃，多年平均降雨量为340mm，降水年内分配不均匀，主要集中在6—9月，占全年降水量的80%，多年平均蒸发量为2050mm。地区风多且大，多年平均风速3.7m/s，历年最大风速33.0m/s，风能资源比较丰富。太阳辐射能十分丰富，年太阳辐射量在5055兆焦耳/平方米—

生态大道

5958兆焦耳/平方米之间，一年中以12月份最少，为209兆焦耳/平方米—255兆焦耳/平方米之间；5、6、7月份最多，为595兆焦耳/平方米—737兆焦耳/平方米。年日照为3130小时。全年有7—8个月不需要空调系统，可以大幅度降低散热降温成本，利于节能减排。

水利资源相对缺乏 集宁区水资源由地表径流水和地下水资源构成，总量0.61亿立方米，人均占有水资源量仅为110立方米，探明地下水总储量为16.94万立方米/日（可开采量达8.46万立方米/日）。地表水资源：霸王河地表水，河流长度93.1公里，流域面积1659.4平方公里，年平均径流量2642立方米。泉玉岭河地表水，流域面积1858.92平方公里，河流长度137.3公里，年平均径流量6079.84立方米。现有集中供水水源地3个，分别为小贲红水源地、红海子水源地和栗家村水源地；水厂两个，日供水量为2.4万立方米。

霸王河一角

远眺霸王河

独具特色的旅游资源　集宁区自然景观类型多样，民族风情浓郁，历史文化悠久，拥有距北京最近的草原旅游度假胜地。近年来，集宁区树立创新、协调、绿色、开放、共享的发展理念，推动新常态下特色旅游产业跨越式发展。为加快城市景点建设，集宁区重点发展以"三山两河"为主的生态游，以集宁战役为主的红色游，以皮件加工销售为主的产业游。充分利用周边地区夏季凉爽宜人的气候，结合自身区位交通和中心城区优势，不断提升旅游承载和服务能力，着力打造京津晋冀都市圈假日休闲旅游目的地和中转基地。市内景点有：老虎山生态公园、白泉山主题公园、霸王河生态公园、集宁战役红色纪念园、集宁地下人防工程、察哈尔民俗博物馆、国际皮革城、集宁古城等。周边旅游点有：岱海景区、格根塔拉旅游中心、辉腾锡勒旅游中心、苏木山景区、蛮汉山景区等。到集宁，不仅可以领略草原风情，还可以游览高原湖泊，登临高山天然氧吧"洗肺"，还可以体验多姿多彩的地域风情和美食文化！

充足低廉的电力资源　电力工业是乌兰察布市的支柱产业。乌兰察布市是内蒙古西部电网"西电东送"的唯一通道。截至目前，全市电力装机近1000万千瓦。乌兰察布市境内现有500千瓦变电站两座；变电容量150万千伏安、220千伏变电站10座，变电容量202万千伏安、110千伏变电站17座；变电容量103万千伏安，电网建设已形成500千伏为主的网架结构，220千伏地区输送网络，110千伏为配电网络的格局。集宁区现有220千伏变电站一座，110千伏变电站一座，变电容量45万千伏安，设有110千伏、35千伏、10千伏电压等级出口，项目用电可利用园区10千瓦线路接线使用，也可由变电站引专线用电，可为企业提供双回路线路，大工业用电0.36—0.38元/千瓦时（电力多边交易后），电费价格在全国比较低廉。对一些符合国家规定的企业实现电价补贴制度，有效地降低了工业企业用电成本，提高优势特色产业的竞争力。

数量众多的科技人才　集宁地区有科技信息研究所、新技术应用研究所、农牧业机械研究所等各类

辉腾锡勒风电场

研究所8家，拥有科技人员3000多名，其中具有高级职称的400多名。有各类院校62所，其中大中专院校4所，设有高等职业教育、财贸、卫生、师范、艺术等专业，在校学生3万多人，培养了社会急需的大批人才。2015年1月，集宁区鹏程农科养殖有限公司被批准成立乌兰察布市首家院士专家工作站，引进院士专家16人，利用院士的科研成果和院士新开发的科研项目，以农户和企业为主体，围绕基地合理布局，打造一个以院士工作站＋企业＋标准化＋技术化＋基地＋农户的产业链，在乌兰察布市推广和普及院士

的科研成果。内蒙古民丰种业有限公司高层次人才创新创业基地的建设，依托内蒙古民丰马铃薯研究院，联合内蒙古农业大学、青岛农业大学、内蒙古农科院等大中专院校及科研院所，形成战略合作联盟。公司现拥有马铃薯研发、生产等专业技术人员达118人，其中专家教授10人，博士生3人，研究生4人，大学本科学历40人。为确保人才发展重要项目的有力实施，由区委组织部带头，财政局、人力资源和社会保障局、教育科技局等部门参与，对现有各类人才开发的专项资金进行整合，每年财政预算人才资金不少于100万元，对做出突出贡献和引进的高层次人才进行物质奖励。

锋电能源

建设成就

HUASHUONEIMENGGUjiningqu

建设成就

JIANSHECHENGJIU

经济沧海汇流百川，茶马古道财富波涛汹涌，草原丝路商贸天下汇通。一个恢宏的腾飞梦想正在酝酿，一部壮阔的创新乐章正在激荡。

近年来，集宁区主动适应经济发展新常态，坚持稳中求进工作总基调，抓改革促发展，抓招商兴产业，抓建设夯基础，抓服务保民生，抓制度强队伍，呈现出经济平稳健康发展、社会和谐稳定的良好局面。

政治建设稳步推进

坚持稳定为重，同步推进民主法治建设和社会治理。大力推进依法治区，良好法治环境正在形成。积极创新社会治理，特别是把社会安宁、食品安全作为最大的民生、最大的政治工作来抓。高度重视信访维稳工作，深入开展"大调研"和"大接访"行动，有效化解了一大批涉及群众切身利益的信访矛盾和问题。全面推进依法行政，自觉接受人大法律监督、工作监督和政

集宁皮件产业园

协民主监督。五年共办理市、区两级人大代表议案、政协委员提案532件，办结率100%。进一步畅通"民心网""区长信箱"等诉求渠道，共受理群众投诉和咨询2835件，办结率96%。"六·五"普法工作全面完成，全民法治意识进一步提高。认真执行中央"八项规定"、自治区28项配套规定和市委相关规定，深入推进"四风"专项治理，全区机关作风进一步好转。"三公"经费支出逐年下降，党政机关超标办公用房和公务用车清理工作顺利完成。

绿色畜产品加工

工业经济稳中有进

集宁区始终把发展摆在突出位置，坚持抓项目与建园区并举，调结构与促转型并重。察哈尔经济技术开发区进入自治区"双百亿"园区行列，现代物流园区已经建成并运行，园区面积达到70平方公里，承载产业和项目的能力进一步增强。2015年，规模以上工业企业增加值

预计完成53亿元，是"十一五"末的1.8倍，年均递增12.4%。目前形成了以内蒙古明阳、锋电能源、同盛塔筒、金瑞科技四家风电装备制造企业和中机集团农机牧机为主的装备制造业，以三信实业锂电池材料、内蒙古科源塑业为主的储能新材料产业，以京能集宁热电2×35万千瓦热电联产、三信实业50兆瓦太阳能为主的新能源产业，以双汇集团、雪原乳业、内蒙古绿苑科创等7家为主的农畜产品深加工产业，以海立电子、苏通电子为主的电子产业，以福瑞医药为主的制药健康产业，以新奥煤化工、佳辉硅化工、托福氟化工为主的精细化工产业，

新型工业化

以中旭机械为主的制造业，以中奥诺金、聚祥陶瓷纤维为主的新型建材产业，以翊尔派、湫思德等8家为主的皮革加工产业，以华为云计算、中信国安为主的信息产业等工业发展格局，具备了产业档次高、产能规模大、产品结构优的良好发展态势。

城市建设提质增效

城市是人民群众安居乐业的港湾，是产业项目发展壮大的载体，关乎人民幸福，关乎事业发展。集宁区着眼于打造现代化区域性中心城市，大力实施市政基础设施、城乡重大设施、公共服务设施建设，城市功能不断完善，承载产业、人口的能力显著增强。"十二五"期间，全区累计完成市政基础设施建设投资500亿元，是"十一五"期间的3

集宁新区街景

倍，建成区面积由"十一五"时期的36平方公里拓展到68平方公里，城市道路、公交、集中供热、垃圾和污水处理等指标均超过自治区平均水平。建城区绿化覆盖率、绿地率、人均公园绿地面积均超过全国平均水平，国家园林城市成功创建，中心城区被誉为"建在玄武岩上的美丽园林城市"，全国文明城市创建取得了阶段性成果，城市建设总体上呈现良好发展态势。

老虎山纪念碑

脱贫攻坚取得实效

集宁区下辖一乡一镇，共有25个行政村、116个自然村，常住农户5728户、12705人。到2015年底，集宁区符合国家标准的贫困人口215户、455人。按照上级下达的目标任务，经过一年的努力工作，截至目前，全区贫困人口已全部实现脱贫，人均纯收入达到4000元以上。

高度重视，强化组织领导　集宁区委、政府专门成立扶贫工作领导小组，由主要领导牵头负责，相关部门为成员单位；一乡一镇成立了扶贫工作机构，配备了专门的工作人员；组建25个扶贫驻村工作队。全区共有230名副科以上干部和建档立卡贫困户建立了"一对一"的结对帮扶。集宁区委、政府多次召开会议研究安排部署扶贫工作，制定和出台了一系列扶贫政策和措施，

美丽乡村

确保了扶贫工作扎实推进。

认真摸底调查，精准识别　按照国务院和自治区建档立卡的工作安排部署，从2014年开始对贫困户进行了摸底调查，经过"两公示，一公告"精准识别，2014年实有建档立卡贫困户860户、1751人；经过2014年和2015年的脱贫，到2016年建档立卡贫困户仍有215户、455人。按照贫困户建档立卡标准全部录入国家建档立卡扶贫信息系统，同时一乡一镇、扶贫办和村委会都建立了详细的档案资料，为实施精

互助幸福院

良种育苗

准扶贫奠定了基础。进一步完善贫困户三本台账，新上精准扶贫大数据平台，通过手机客户端、大数据分析等措施，强化了对扶贫工作的监控和干部帮扶工作的监督。

精准施策，确保扶贫攻坚取得实效 2016年根据我区贫困人口的实际情况，采取"一人一策，一人多策"的办法，充分发挥扶贫政策和措施的叠加效应，不同贫困状况分类扶持，认真落实"五个一批"和"六个精准"脱贫措施方式，采取社会保障全覆盖、教育扶持、易地扶贫搬迁、发展生产和就业、医疗救助扶持等多种扶持方式，累计叠加1621人次（社会保障455人，医疗救助233人，教育扶贫50人，发展生产423人，就业安置75人，危房改造74户、128人，易地搬迁

125户、257人）。

在实现自身贫困人口脱贫的同时，集宁区还依托中心城区的经济发展和公共服务两大优势，推行企业引领、项目带动、就业扶贫、公益保障、无土搬迁"五种模式"，辐射带动周边贫困人口脱贫致富。

"五城联创"稳步推进

市委、政府决定开展"五城联创"工作以来，集宁区作为主战场和主阵地，高度重视，全力以赴，同步推进国家园林城市、国家食品安全城市、国家卫生城市、国家环保模范城市、全国文明城市的创建工作。

按照"五城联创"的年度目标和重点任务，要完成国家园林城市创建和全国文明城市初验工作，住建部专家组来我市考核验收，对全市的园林城市创建工作给予了高度认可和充分肯定。在园林城市和全国文明城市创建中采取了志愿者服务和市、区两级机关企业单位包联小区（单体楼）两项措施，取得了实效。

集宁新区一角

乌兰察布市图书馆

包联小区工作

为切实弥补中心城区老旧小区绿化短板，从根本上改变"两多两少三滞后"（垃圾多、违建多，绿化少、硬化少，居民意识滞后、基础设施滞后、物业管理滞后）的现状，市委、政府下发文件，决定由市、区两级220多个机关企事业单位包联553个小区和单体楼，进行小区环境整治和绿化提升。可以说，这是市委、政府审时度势、通盘考虑的非常之举，也是"五城联创"工作进一步深化和具体的务实之策。包联工作中，市、区两级机关单位高度重视、积极对接，领导带头、全员出动，认真制订包联共建工作计划，投入大量的人力、物力、财力，大力开展宣传发动、卫生清理、道路硬化、绿化改造、墙体粉刷、拆除违建等工作，取得了明显成效。截至目前，市、区机关企事业单位共投入资金近亿元，完成绿化45万平方米，栽植云杉等各类苗木7万株、丁香球150万穴，硬化道路15万平方米，做节能改造外墙保温77万平方米，修建绿地围栏17000米，粉刷墙体34万平方米，清运垃圾2万吨，清理小广告5.4万平方米，拆除违建280处、达1万多平方米，亮化150处，增设垃圾桶480多个，制作宣传栏1100多个，发放宣传资料4万多份。

全国文明城市创建

国家园林城市考核验收结束后，

广电大厦

市、区两级分别组织召开了全市和集宁区的创建文明城市工作推进会，重点从舆论氛围营造、档案资料规范、公益广告宣传、分行业规范整治、完善基础设施五个方面进行整改提升。

进一步强化认识，提高各级干部群众的知晓率、参与率和支持率。一方面继续强化区直各部门、各乡镇街道、社区村委会广大干部职工对《测评体系》中"三个重点八大环境一项活动"认知和理解，切实调动起工作积极性和主动性，确保创城工作有力度、有办法、有措施。另一方面，各行业主管部门、各乡镇街道、村委会、社区结合包联小区和干部职工文明交通志愿岗等工

作，继续围绕文明城市创建应知应会内容进行查漏补缺，实现重点攻坚，确保调查问卷不丢分。

认真做好档案材料的收集、整理、审核、报送，确保质量。各单位、各部门严格按照《测评体系》规定和标准，高度重视档案材料的规范、时间限制和实效性，确保不延误、不丢分、不造假。同时，注重收集好平时每一项和创城工作有关活动的同步文字、影像、报纸、网络截图等资料，确保各项活动有据可查，资料丰富，具有说服力。

切实加大公益广告和宣传广告覆盖面，营造浓厚创城氛围。在主干道、商业街、背街小巷、小区、广场、公园、服务大厅、公交站点、建筑

带状公园

围挡等醒目位置以及商场、市场、学校、宾馆、酒店、火车站、汽车站等重点场所，大面积制作张贴"图说我们的价值观"、"讲文明树新风"、道德模范事迹展示、市（居）民公约等公益广告和创城标语等宣传广告。同时出台《公益广告优惠办法》，鼓励企业制作张贴公益广告，切实达到公益广告占城市广告总量30%的创建要求。

按照管理权限划分，分行业、分领域实施监管整治总负责工作机制。按照行业主管部门负总责，街道社区及相关部门配合，开展好文明城市创建综合整治常态化工作。涉及沿街门脸、商场、市场整改工作的，统一由工商局牵头，相关部门配合，一包到底，全程负责；涉及宾馆、酒店的，由公安局全面负

责抓好整改；涉及沿街小餐馆、小饭店、小诊所、小药店的，由食药局牵头负总责；涉及居民小区的，由所在街道社区及包联单位统一负责；涉及网吧、游戏厅的，由政法委牵头负责，文化、公安部门配合，组织开展环境大检查，确保实现全覆盖。除此之外，继续深入开展领导干部文明交通劝导和2000多名机关干部文明交通岗行动，教育引导广大市民文明出行。

完善基础设施配置，特别是平房区环境综合整治。平房区综合整治主要包括周边环境整治、街巷硬化亮化、公厕设置等内容。按照市委、政府统一部署，由相关部门负责，街道社区配合，对集宁区平房区以及沙河沿线的环境卫生进行了集中整治。截至目前，共清理各类

生活、建筑垃圾 3.5 万吨，清理杂乱院落近 5400 处，拆除违章建筑、废弃厕所 320 处，新建、修缮厕所 11 座，硬化、平整道路 45 公里，修建广场 2300 平方米，安装路灯 90 多盏，粉刷、装贴喷绘围墙 3 万多平方米，制作宣传图板、标语 650 余块（条）。同时，为巩固整治成果，实行平房区常态化管护，分片设立垃圾点、安置清洁工、放置垃圾废水收集设备，实现全天候、无死角保洁。目前已在平房区雇用清洁工 203 人，放置各类垃圾收集车（垃圾箱）近 200 处，平房区的环境卫生得到极大改善，居民群众对"五城联创"的支持度和知晓率明显提升。

创建工作主要经验做法

结合创城目标要求和当前客观实际，工作中，我们始终坚持"四个原则"，确保实现"六个到位"。

四个原则：

因地制宜原则 无论城市绿化、包联小区还是文明城市创建，我们都本着因地制宜的原则，各项工作力求符合客观实际、满足群众需求，不强调一个标准、不限定单一模式、不要求固定时间。

尽力而为原则 在创城工作中，我们不满足于及格就行，对一些有差距的指标，通过努努力、踮起脚、加把劲，做到缩小差距。适当提高工作标准，尽最大努力去完成各项创建任务。

共同参与原则 创城工作不是哪几个单位和部门可以独立完成的，需要动员全社会的力量。从创城开始宣传阶段，我们就坚持和倡导全民参与、共同参与、共建共享理念，

老虎山公园步道

霸王河桥

通过全覆盖、大力度、宽领域、多形式的宣传发动,动员各行业、各领域、各阶层的广大干部群众积极参与创建工作。

同步推进原则 "五城联创"的核心是创,关键是联,创建五城之间有很多工作是相通、相融的。只有同步推进"五个城"的联合、联动创建,才能尽量避免重复建设,才能充分发挥"1+1>2"的聚合效应,才能在短时期内取得突破性成果。

六个到位:

宣传发动到位 在开展"五城联创"的过程中,始终牢牢抓住宣传发动和氛围营造这一重要法宝,利用一切可以利用的媒体、采取一切可以采取的形式、发动一切可以发动的人员,广泛宣传、全面覆盖。

任务分工到位 任务分解和责任明确是否到位直接决定一项工作能否顺利完成。在各项创城工作中,我们按照职责分工不同、单位性质不同、工作环境不同,从点线面上为各级干部职工都作了详细的任务分解,确保能够各司其职、形成合力。

协调对接到位 像"五城联创"这样涉及市、区两级范围之广、覆盖领域之多的系统性工程,充分发挥了牵头单位和协调机构强有力的牵头抓总、协调各方的作用,才使得创城工作得以顺利推进。

督导检查到位 在园林城市创建之初,市、区两级督查部门同步跟进,注重抓好对每一工作步骤和环节的跟踪督导。文明城市创建中,更是进一步总结经验,成立了10个市区

水畔新城

联合督查组，深入各创建单位和乡镇街道，对创城工作进行全程监督、跟踪问效。

问责惩处到位 在推进创建工作的同时，同步跟进各项配套的问责惩治措施。对思想消极抵触、工作推进不力者，有明确的问责办法；对各类不文明行为和个人进行一定力度的惩处，让其心有所虑、心有所戒、心有所惧。

制度跟进到位 为进一步巩固和维护好包联小区各项来之不易的工作成果，近期已经着手开始制定和完善小区管理和物业服务等相关管理法规，明确服务标准，强化物业费征收，使各项工作有章可循、有法可依。

创建工作体现出的几个特点

部署早 市委、政府召开全市"五城联创"工作动员会后，市直部门和集宁区立即行动、提前谋划，集宁区召开动员会，各项创城工作开始启动。国家园林城市专家组考核验收刚刚结束，市、区两级又第一时间组织召开了创建全国文明城市工作推进会，对下一步创城工作作了安排部署。

认识高 通过一段时间的宣传发动和工作开展，市、区两级广大干部职工都能充分认识到，全市开展"五城联创"工作是市委、政府把握大局，着眼于做活"三篇文章"、增强城市综合竞争力作出的重大战略决策。同时，也是全市在城市建设进入新阶段，打造更加宜居宜业环境、推动可持续发展的现实之选，是顺应人民群众新期待、保障和改善民生的根本之策。

行动快 根据"五城联创"工作任务，市、区两级迅速行动，成立了各个专项推进组，立即开展工作，特别是市委、政府《包联工作方案》下发后的短短几天内，市、区两级机关单位就全部深入所包联小区（单体楼）正式开展包联工作。为进一步强化文明城市创建工作督查，市、区两级成立联合督查组，一周内完成人员抽组，10个督查组按时深入各机关单位和乡镇街道开展工作。为抓好文明交通宣传，集宁区迅速派出机关干部担任志愿者，全面参与文明交通、文明出行等各类创城活动。

投入大 在园林城市和当前文明城市创建工作中，市、区两级部门和单位投入了大量的人力、物力、财力，大力开展宣传发动、小区环境整治、文明交通管理等各项工作，取得了明显成效。包联小区工作中，市、区两级机关企事业单位除出工、出力之外，通过压缩公用经费、干部集资等方式，累计投入资金1亿多元。在近期开展的文明交通整治活动中，区直各单位克服日常工作任务繁重、包联用人困难等难题，全力保障机关干部参与志愿服务。

效果好 经过一段时间的工作，中心城区无论是城市面貌、小区环境、绿化水平还是交通管理，都较以前有了明显改善，城市品位和档次进一步提高，特别是市、区两级机关企事业单位包联小区工作，深得国家园林城市专家组的高度认可和好评，认为这项工作真正体现了"全民参与、共建共享"的创城理念，为我市创城工作加分不少。

群众赞 "五城联创"工作深入人心、顺应民意，是真正为民、爱民、利民、惠民的务实之策，特别是通过机关单位包联小区工作，进一步改善了小区环境，拉近了党群、干群关系，得到了广大老百姓的坚决拥护和广泛赞誉。

"七网"建设全面铺开

近年来，集宁区认真贯彻落实

安居工程

光伏发电

集宁机场

公路网络

自治区党委和市委的决策部署，坚持适度超前、合理布局、完善网络、提升质量的原则，切实加大基础设施投入和建设力度，加快铁路网、公路网、航空网、市政网、水利网、能源网、信息通信网七大网络体系建设，为中心城区经济社会发展提供了有力的支撑和保障。

铁路网方面：境内京包、集二、集通、集张等铁路线纵横交错，集包线于2015年开通自治区首列动车，由七苏木始发的中欧班列于2016年正式开行，呼张客运专线快速推进，集大高铁已纳入国家"十三五"规划，目前前期工作正在推进。

公路网方面：京藏（G6）、京新（G7）、二广高速（G55），G110、G208国道及省际大通道在中心城区贯穿东西南北，机场高速建成通车，东绕城高速、南绕城公路建成通车，东绕城高速和G7、G55在中心城区外围形成闭合的高速环线。

航空网方面：集宁机场于2016年4月正式通航，结束了内蒙古12个盟市中乌兰察布市唯一没有机场的历史，目前通航城市已达14个，并且集宁机场还被确定为通往欧盟等地的货运机场。

市政网方面：近年来，集宁区着眼于建设现代化区域性中心城市，

霸王河垂钓广场

大力实施了市政基础设施、城乡重大设施、公共服务设施建设战略，城市功能不断完善，承载产业、吸纳人口的能力显著增强。"十二五"期间，全区完成市政基础设施建设投资500亿元，是"十一五"的3倍，建成区面积由"十一五"时期的36平方公里拓展到68平方公里，城市道路、公交、供热、垃圾和污水处理等指标均超过自治区平均水平。截至2016年底，全区新、旧区道路达到220条，道路长度399.8公里，面积1200万平方米，与"十一五"期末相比，长度增加了131%，面积增加了170%，人均道路面积达到30平方米。城区"四纵四横"（四纵：怀远路、工农路、机场快速路、泉玉岭西路。四横：民建大街、满达大街、平赞大街、110国道）结构

性主干道交通体系已经形成；全面完成城区各热源点间的管网连接和备用热源建设工作，供热质量和安全得到根本保障；大力实施"山水绿"再造战略，下决心、排万难，全力打造了以"三山两河"为重点的生态景观工程，建成区绿化覆盖率、绿地率、人均公园绿地面积均超过全国平均水平；深入推进"五城联创"，成功创建国家园林城市，顺利通过全国文明城市第二年度测评，一次性通过国家卫生城市暗访考评，

中欧班列首发仪式

华为云数据中心

国家食品安全城市创建被列为全国试点，国家环保模范城市创建取得阶段性成果，城市服务功能明显增强，城市形象和文明程度极大提升。

水利网方面： 集宁区目前共有水库5座，分别为霸王河水库、尼旦河水库、小东号水库、友谊水库和张明沟水库，其中霸王河水库、尼旦河水库、小东号水库为小Ⅰ型水库，友谊水库、张明沟水库为小Ⅱ型水库，特别是近几年下大气力实施了霸王河综合治理工程，目前正在实施南沙河综合治理工程。

能源网方面： 实施了京宁2×35万千瓦和华宁2×15万千瓦热电项目，以及三信新能源50兆瓦光伏发电项目；2017年要推进400万平方米煤改电试点工程，提高冬季清洁能源供暖比重；完善提升燃气管网建设，从"十一五"末的19公里增加到现在的226公里，燃气普及率达到86%，2017年计划改建、新建L-CNG加气站各一座，新建门站一座、母站一座，新建中压管网10公里，争取将陕京四线的天然气管输至中心城区。

信息通信网方面： 在察哈尔经济技术开发区规划建设了13平方公里的信息产业园，和华为公司合作建设了乌兰察布华为云数据中心项目，着力构建集科研投入、运营服务、基础设施配套三位一体的产业基地。先后引进华唐服务外包基地、北方食品药品跨境电商示范基地、中信国安、中国电信、华为荣耀、中兴通讯、众拍手游、掌合天下等一批知名企业入驻。正在建设集宁—北京大容量点对点专用光缆。同时，加强与中关村管委会和中关村发展集团的合作，成功加入中关村"一司一金一中心"合作联盟体系，争取在数据中心建设、信息产业布局、产业孵化、人才培养等方面得到支持帮助。2017年，集宁区要紧紧抓住自治区获批"国家级大数据基础设施统筹发展综合试验区"、国家推动"京津冀大数据走廊"建设等相关支持政策，坚持平台型、应用型、开发型一起上，政用、民用、商用一起搞，区内、区外、国外企业一起引，大中小项目一起抓，网络通道、人才队伍、服务设施一起建，繁荣"大智移云"生态圈，争做自治区信息产业的排头兵。

生态建设成效显著

近年来，集宁区委、政府始终坚持市委、政府提出的"生态立市"发展战略，将生态建设放在优先发展的突出地位，以"三山两河"生态建设为重点，大力推进重点区域绿化，生态建设取得了显著成效。"十二五"期间，共投入生态建设

体育场

资金100多亿元，栽植各类树木3000多万株（丛），是"十一五"期间的5.7倍。城市绿化覆盖面积达到2382.96万平方米，城市绿地面积达到2194.36万平方米，城市绿化覆盖率达到39.7%，绿地率达到36.6%，人均公园绿地面积达到28.6平方米。2010年集宁区荣获全国绿化委员会授予的"全国绿化模范县"荣誉称号。2012年集宁区被评为"自治区园林城市"。2013年，集宁区政府被自治区政府评为全区重点区域绿化建设先进单位。2014年"三山两河"绿化工程获自治区"人居

水岸新居江东郡

环境范例奖",老虎山生态公园被评为"自治区重点公园"。2015年,集宁区成功创建"国家园林城市",被誉为"建在玄武岩上的园林城"。现在正在向创建"国家生态园林城市""国家森林城市"的宏伟目标迈进。

现代农牧业快速发展

立足城郊型农业特点,坚持走特色路、打绿色牌,积极调整种植业和养殖业结构,设施农业、规模养殖业和种子工程整体效益不断提升。农作物播种面积8.8万亩,其中以马铃薯、玉米为主的粮食作物播种面积稳定在5.4万亩,以蔬菜和油料作物为主的经济作物播种面积稳定在3.2万亩。目前,引进培育农牧业产业化龙头企业22家,其中国家级龙头企业1家,自治区龙头企业

马铃薯种植和育苗

8家,市级龙头企业13家。现有注册合作社140多家,其中国家级农民示范合作社2家,自治区示范合作社3家,乌兰察布市示范合作社9家,农业生产的集约化、组织化水平进一步提高。"三品一标"认证工作顺利推进,认证无公害、绿色、有机农产品13个。"国家农业产业化示范基地"获农业部认定,获批筹建"国家农业科技示范园区"和"全国马铃薯种薯产业知名品牌示范区",马铃薯种薯生产能力占全国市场的5%,占自治区市场的近一半。

现代服务业强劲提升

近年来,集宁区紧紧抓住国家"一带一路"和京津冀协同发展的战略机遇,积极承接京津冀产业转移,努力建设区域性商贸物流中心。集宁国际皮革城、新雅宝路外贸市场、丝路文化博览园、保税物流中心、国际商贸城、邮政物流快递产业园、万众国际商贸城、五洲助康医药物流、红星美凯龙、维多利广场等一批可填补我区商贸物流产业功能性短板和带动作用强的项目开工建设或建成运营。

2015年全区社会消费品零售总额完成78.4亿元,完成全年计划77亿元的101.8%,同比增长8.8%;第三产业增加值完成94亿元,完成全年计划85.86亿元的109.4%,同比增

邮政物流园区

长 17.6%；全区对外贸易促进出口总额完成 1500 万美元，同比持平。

围绕打造现代化商贸物流中心，全面改造提升传统商贸流通业，发展壮大现代物流业，第三产业对全区经济发展的拉动作用明显增强，成为新的经济增长点。涌现出了一批大型的综合商贸物业，集宁国际皮革城运营面积达到 12.5 万平方米，入驻商户 1000 多家，年销售收入达 10 亿元，被认定为"自治区专业市场知识产权保护重点单位"，成为国家 AAAA 级旅游景区。国际商贸城投入运营，邮政物流配送中心、信息大厦、兴福隆综合商贸城基本建成，集宁古城投入运营。超市、便民店、专卖店、购物中心和网上购物等新业态发展迅速，2015 年商贸服务业网上零售额达 10 亿元。红星美凯龙和维多利广场等商业综合体

建成运营，北方食品药品电子商贸中心、虎山商业文化街、西北煤炭交易中心等项目顺利推进，博源蓝海、金浩建国等星级酒店运营良好。金融、保险、证券、中介等新兴服务业快速发展，城市服务保障能力进一步增强，高端引领、层次多元的商贸服务新格局正在形成。充分发挥中心城区旅游集散功能，坚持把旅游业作为新兴富民产业来抓，实施了霸王河冰雪乐园和霸王河欢乐世界旅游项目，开通了 2 条中心城区旅游专线，形成了以"三山两河"、国际皮革城、集宁战役纪念馆为主的生态、购物、红色文化旅游新格局。五年共接待游客 396 万人次，国内旅游收入 30.2 亿元，是"十一五"期间的 1.3 倍。

2013 年 9 月，华为公司与乌兰察布市达成云计算战略合作协议，

2016年7月8日,乌兰察布华为云数据中心正式启动运营。该数据中心由主机房楼、辅助办公楼两部分组成,项目总投资达16亿元,建筑面积2.4万平方米,可容纳1600个机柜,现已部署完成近4000台服务器。乌兰察布华为云数据中心是一座满足国际T3+标准的数据中心,是华为企业云全国一级节点和成本中心。

乌兰察布华为云数据中心的企业云已经为乌兰察布40余个委办局提供了信息化服务,50多个业务系统已经全部应用上云,大大提升了政府公共服务水平。此外,随着华为公司与乌兰察布合作的不断深化,带动了华唐服务外包基地、北方食品药品跨境电商示范基地、中信国安、中国电信、华为荣耀、中兴通讯、众拍手游、掌合天下等一批知名企业入驻乌兰察布,产业聚集效应逐步显现。

借助国家促进云计算创新发展和推动京津冀协同发展,以及内蒙古获批建设国家大数据综合试验区的战略机遇,围绕"数据乌兰察布、服务京津、存储中国"的总目标,积极打通乌兰察布到北京的直连光纤链路,构建集京信息高速公路。集京大容量直连光纤链路于2017年6月投入使用,依托乌兰察布华为云计算数据中心,京津的企业可以像用水用电一样极其便捷地使用优质的、低成本的信息化基础设施服务,助力乌兰察布打造国家级云计算产业示范基地,打造成为京津大数据处理中心、京津数据灾备中心、京蒙电子商贸服务中心和华为企业云

进口商品直营中心

新雅宝路市场

北方业务的承载中心。

中国·新雅宝路市场坐落于内蒙古乌兰察布市集宁区，总投资25亿元，建筑面积50万平方米，集生产、销售、电商、生活各项功能于一体。主营裘皮、皮鞋、冬季服装、箱包、原皮、辅料等，入驻商户来自于北京雅宝路及国内其他外贸市场，产品主要销往俄罗斯、白俄罗斯、土耳其、保加利亚、乌克兰、蒙古国、哈萨克斯坦等东欧、中东、北非各地三十多个国家。

中国·新雅宝路市场作为政府重点项目，得到了政府在保税仓储、便捷海关、出口退税、市场推广、配套服务等全方位的政策保障。项目依托乌兰察布市通连华北、东北、西北的区位优势和高速公路、国际铁路、国际航空全面覆盖的交通网络，充分发挥乌兰察布皮革产业毛皮加工、皮件生产、批发零售产业优势，以设计引领为核心，以产业整合与品牌打造为两翼，全面提升品种的品质、品牌，打造中国服装外贸新基地，实现中国服装外贸新格局、树立中国服装贸易新地标。

为贯彻落实国家"一带一路"和京津冀协同发展战略，加快自治区向北开放，发展我市对外贸易，集宁区于2016年3月18日与天津自由贸易试验区东疆保税港区管委会签署战略合作协议，决定设立中国（天津）自由贸易试验区东疆进口商品直营中心。目前，国内经天津东疆保税港区管委会批准设立的进口商品直营中心共32家，该中心是第 26 家获批，也是内蒙古首家。直营中心位于集宁现代物流园区丝路文化博览园国际商品贸易中心内，主要由东疆进口商品直营中心和平行进口汽车直营中心组成。项目分两期建设，一期已开业运营，经营面积和经营品类借鉴了云南大理的成功经验，面积为 5800 平方米，主要经营日化、文具、母婴用品、保健品、冷鲜、粮油、预包装食品、酒水、厨具、小电器等 6000 多种进口商品，以及路虎、奔驰、玛莎拉蒂、奥迪、丰田等各类平行进口汽车。二期工程随后也开业运营，增加了品鉴区、VIP 休闲区和服装、箱包、饰品轻奢区等多个功能区。目前，该中心经营面积达到 2 万平方米，经营来自 40 多个国家和地区的 1.2 万多种进口商品。

该项目充分结合了我市的区位资源优势和天津自贸区东疆保税港区的功能及政策优势，将自贸区改革开放红利率先辐射到乌兰察布区域内，与天津自贸区共同打造制度创新的新高地、转型升级的新引擎、开放经济的新动力、区域协同发展的新平台。

乌兰察布七苏木中欧班列枢纽物流基地项目选址在乌兰察布市集宁现代物流园保税物流区，我市被批准为中欧班列枢纽节点城市后，

对加快融入"一带一路"国家战略、推动中蒙俄经济走廊建设、促进外向型产业集聚发展、打造向北开放的重要通道和桥头堡具有十分重要的意义。项目分三期工程建设，其中项目一期工程占地约 1000 亩，主要建设利用呼铁永晖铁路设施配套工程、从集宁七苏木火车站接轨两线四道铁路线工程、保税库、海关监管区、货物仓储区、汽运物流区及商务配套区、综合服务区，2017 年底全部完成并启动运营。二期工程占地约 1000 亩，2018 年底全部完成，主要建设铁路物流作业区，包含集装箱及成件包装作业区，并配套修建保税物流园及综合办公服务区。铁路作业区按集装箱成件包装 2 个作业区，分成两个线束自南向北依次平行布置于铁北路南侧。集装箱作业区设装卸线 2 条，成件包装作业区设装卸线 1 条，有效长均为 850 米，设装卸堆场和货物站台各 1 座。三期工程到 2020 年建成区面积达到 6 平方公里。项目总投资 20 亿元，其中一期工程投资 5 亿元，二、三期工程投资 15 亿元。

社会民生事业保障有力

集宁区始终把社会民生事业放在优先发展的位置，始终坚持关注民生是最大的政治，改善民生是最大的业绩。连续五年，财政用于民

先进的医疗设备

完善的健身设施

生和社会事业的支出占总支出的60%以上，城乡居民收入增速快于经济发展速度，年均分别递增11.5%和11.1%，城镇居民人均可支配收入达到17365元，农民人均可支配收入达到11643元。重点围绕学有所教、劳有所得、病有所医、老有所养、住有所居、贫有所助，大力实施脱贫攻坚、百姓安居、创业就业和社会保障等系列民生工程。城乡养老保险制度实现全覆盖，大病医疗、新农合、城乡低保等社会保障扩面提标，养老保险、失业保险、医疗保险参保人数分别达到6.5万人、2万人和17万人。开展了中心城区有史以来范围最广、力度最大的棚户区改造和保障建设任务，五

年改造棚户区635万平方米，建成保障性住房3万套、315万平方米，改造农村危房3756户，近万户低收入住房困难家庭喜圆安居梦。先后投入18.5亿元用于教育基础设施建设，新建校舍26万平方米、塑胶操场18个，8所中小学校和7所幼儿园相继建成并投入使用。教育"三项改革"深入推进、成效显著。坚持教育均衡发展，推行强弱校捆绑联盟集团化办学模式，面向全社会公开招聘了760名高校毕业生充实到教学一线，教育资源进一步优化，教育教学质量稳步提升。

文化体育事业亮点纷呈

集宁区不断创新发展思路和工作举措，完善公共文体服务体系，持续开展丰富多彩的群众文体活动，使全区文化体育事业展现出蓬勃的发展活力。目前，该区所辖一乡一镇以及十个街道办事处共建15个文化活动中心、75个文化活动室、22家"草原书屋"，《拓跋大帝》等一批优秀文艺作品在全国开始巡演，

颂歌献给党

成功举办了央视七套《阳光大道》栏目"文化下基层"慰问演出，提升了"草原避暑之都"的知名度和影响力。群众文化走出传统的节庆文化活动单一形式，以社区、广场等为阵地开展"六进社区""三下乡""百场好戏""全市文艺会演""下基层""百姓舞台"等一系列惠民演出，为城乡广大群众送上了一场场文化盛宴。《我最爱唱的是国歌》《西口情》荣获全国词曲征集大赛银奖和铜奖，《金雕的故乡》《为你》两支舞蹈在华北五省第四届舞蹈比赛中分获青年专业创作表演银奖和铜奖；集宁乌兰牧骑获自治区"五个一工程"奖5项，获乌兰察布市"五个一工程"奖12项，其他各类奖项（荣誉）160多项。高质量文艺精品的问世，有效提升了城市的文化品位，扩大了集宁区文化影响力，滋润着百姓的生活。"万人徒步行""魅力集宁健康舞""虎山春"等成为群众性文体活动品牌。承办了"国际马拉松赛""亚洲女子拳击锦标赛""全国大学生攀岩选拔赛"等大型赛事，8所中小学成为国家级校园足球特色学校。

文学艺术创作硕果累累

党的十八大以来，集宁区文联在集宁区委、政府的正确指导下，认真贯彻落实党的十八大方针和习近平总书记文艺工作座谈会讲话精神，积极发挥"团结引导、联络协调、服务管理、自律维权"的基本职能，着力推动文联转型发展，充分发挥行业建设的主导作用，最大力度地团结引导广大文艺工作者创作精品，杂志出版有了新面貌，协会管理有了新气象，文艺活动有了新亮点，宣传工作有了新思路，2016年集宁区

百米长卷迎国庆

文联近年编印出版的书报杂志

文联被自治区文联评为"全区基层文联工作先进集体",2017年被市委宣传部、市文联授予"2016年乌兰察布市文艺工作先进集体"。

集宁区文联在宣传集宁区经济社会发展成就方面做出了新的探索,在宣传报道各协会工作成绩方面做出了新的举措,对《虎山风》杂志的封面设计、内容版块、编采人员进行了一系列调整,每期开辟专栏采写重点报道,先后推出了集宁绿化、皮件产业、现代物流建设专题报道,加强对集宁区经济社会文化发展成果的宣传,收到了良好的社会效应。同时,大力发掘和培养本土作者、巩固外地优秀作者,选编刊发了一大批思想健康、质量精良、具有地方文化特色的优秀稿件,受到了读者的广泛欢迎。目前,《虎山风》文学季刊拥有区内外作者近200人,读者近3万人,遍布全国20多个省市县。

为了送文学艺术下乡进基层,文联先后在泉山、桥西、前进路街道办事处具备条件的三个社区创办了社区文联,文联下属的音乐、舞蹈、书法、美术、作家、摄影等10个专业文艺协会定期深入社区,组织和指导居民开展书法、绘画、舞蹈辅导活动,使社区文艺爱好者与艺术家近距离接触,获得专业指导,进一步提升文艺创作水平,为社区文化建设培育了更多更好的活动阵地。

文联下属作家协会、书法协会、作家协会、戏曲协会、音乐家协会、舞蹈家协会、美术家协会、民间艺术家协会、摄影家协会、影视家协会、诗词协会等10个协会组织,经过几年来对协会领导班子的调整,一批年轻有为的会员充实到协会理事会班子,为我区文艺的繁荣发展打下了坚实的组织基础。各文艺协会领导班子调整充实后,组织和引导各专业社团主动开展工作,文艺活动精彩纷呈,亮点频闪,极大地激发了广大文艺工作者的创作热情,文艺界精神面貌焕然一新,老中青

文联出版的《山河颂》音乐作品集

文联举办春节送春联进万家活动

艺术工作者以崇高的使命感深入人民群众，投身文艺创作，文艺作品质量稳步提升，精品佳作不断涌现，文艺形式丰富多彩，创新动力更加强劲，全区文艺事业迈入了崭新的发展阶段。

为了展示集宁区精神文明创建成果，为"五城联创"工作营造良好的文化氛围，由文联牵头，机关事务管理局和文化馆协办的集宁区"五城联创"书画摄影邀请展于2015年12月隆重举行，市、区两级有关领导、宣传文化部门负责人

与80多位书画摄影作者参加了开幕式。同时还编辑出版了《集宁区"五城联创"书画摄影邀请展作品集》，举办了书画笔会和书法、绘画、摄影专题讲座，市、区两级媒体、中国书画报、书法学报、书法艺术网、健康卫视乌兰察布网、腾讯新闻、网易新闻、搜狐新闻等多家媒体报道活动。通过此次活动，文联锻炼了队伍，推出了作品，扩大了影响。在建党92周年之际，文联与团委联合举办"我的中国梦"大型征文活动，并出版发行集宁地区首张歌颂家乡的《集宁区"山河颂"原创音乐作品集》。

作家协会与中国散文之乡——安徽省肥东县文联开展文化交流，两区就文化艺术交流达成结对共识；与乌兰察布市广播电视报联办"走进社区"栏目，为集宁区社区

集宁区"五城联创"书画摄影邀请展

集宁区摄影家协会、美术家协会户外采风活动

打造"一居一品"宣传平台；与集宁文化研究促进会联合出版《集宁文化研究专集》。集宁区作家协会副主席王玉平、集宁区音乐家协会主席赵立智作词的歌曲《西口情》在获得自治区"五个一工程"奖之后，再获自治区政府艺术创作最高奖"萨日纳"奖；美术家协会创作完成"三山两河"书画长卷，成功举办"翰墨随缘"中国当代国画名家苗再新、郑山麓、周尊圣、王永鑫四人联展，"中国梦"全国名家书画艺术展，书画家王永鑫的画作作为全国两会赠阅专刊被国内最权威的专业杂志《画界》做专题介绍；书法协会先后举办了"书画进万家——走进校园"活动、"党群互动笔墨书香迎国庆"笔会、"映山杯"书画笔会、书画进基层、特殊教育学校捐赠、送春联进社区等多项活动，组织书法协会部分骨干参加丰镇市书画展、

参加中国书协书法培训与北京书画展、参观乌海当代中国书法艺术城；集宁区政协和影视家协会联合出版了《集宁战役风云录》；戏剧家协会和舞蹈家协会深入开展"文化队伍进基层、进社区、进学校"活动，共演出 100 余场；戏剧家协会副主席赵东海编创的剧目《一封举报信》在"中华颂"第五届全国小戏、小品、曲艺大展获剧目金奖、编剧金奖，并获得了全市"五个一工程"奖优秀剧目作品奖；摄影家协会配合集宁区文化馆在集宁中心广场搞了摄影艺术"十人联展"，方忠达摄影作品《梦里家园》在大众摄影和福建省合办的"福能杯"全国摄影大赛上被评为三级收藏作品。

发展规划

发 展 规 划

FAZHANGUIHUA

着力推进"三大区域合作战略""五城联创"，扎实构筑"五大基地"，发展"四大新兴产业"，打造"两个中心"，努力促进全区经济平稳健康发展，创造出无愧于山城人民、无愧于时代的新业绩。

"十三五"时期是深入贯彻落实党的十八大精神、全面建成小康社会的决胜阶段，也是全力实施"十三五"规划、实现跨越发展的关键时期。展望未来五年，集宁区将迎来一个机遇增多、优势凸显、活力增强的黄金发展期。"一带一路"、"中蒙俄经济走廊"、京津冀协同发展、"乌大张"区域合作等开放协作战略的深入实施，为我区向北开放和区域协作创造了更为有利的条件；"中国制造2025""互联网＋"等行动计划的全面启动，要素和市场体系加速重构，为我区加快产业转型升级、打造经济增长新引擎提供了更为广阔的发展空间，特别是通过近五年的发展，我区发展基础进一步夯实，发展条件进一步改善，广大干部群众干事创业热情进一步高涨。这些都为集宁顺应新形势、应对新挑战、抢抓新机遇提供了强有力的保障。

今后五年政府工作的总体思路

深入贯彻习近平总书记系列重要讲话和考察内蒙古重要讲话精神，认真落实中央、自治区、市委和区委的决策部署，按照"四个全面"战略布局，牢固树立创新、协调、绿色、开放、共享的发展理念，深入实施"三篇文章""五城联创"两大战略，破解发展难题，厚植发展基础，着力打造"五大基地"（装备制造基地、农畜产品加工基地、皮革木材特色产业制销基地、信息产业基地、旅游休闲度假集散基地），发展"四大新兴服务业"（文化、体育、医疗、养老），建成"两个中心"（现代化区域性中心城市、现代化商贸物流中心），推动"大众创业、万众创新"，全面提升民生保障水平，保持经济社会持续健康发展，在全市率先全面建成小康社会。

集宁新区察哈尔东街

"十三五"时期发展目标

"十三五"时期,立足集宁区实际,以改革创新为主题,转型发展为主线,民主法治为保障,通过深化改革释放发展活力,通过创新驱动增强发展动力,通过转型升级提升综合竞争力,通过共享发展成果增进社会凝聚力,通过绿色发展提高可持续发展能力。

经济保持中高速增长 地区生产总值年均递增8%;一般公共预算收入年均递增8%;全社会固定资产投资五年累计完成750亿元;社会消费品零售总额年均递增10%;经济总量在自治区同类城市中的位次前移,力争迈入中等行列。

经济结构更加优化 三次产业结构调整为2.5∶43.5∶54。种子工程和设施有机农牧业进一步发展;工业优势特色产业进一步壮大,新兴产业规模逐步扩大;现代服务业快速发展,现代物流中心初步形成,服务业对地区经济增长的贡献率进一步提高。

城市品质不断提升 推进"五城联创",打胜基础设施建设、市容环境整治、市场整治、交通综合整治、物业管理综合整治、绿化提升和精神文明建设"七个攻坚战",打出城市品牌。区域性中心城市地位进一步确立,城市、产业、人口布局更加合理,建成区规划面积达到80平方公里,人口达到60万人以上,常住人口城镇化率达到95%

以上。

民生状况明显改善 城乡居民收入较快增长，达到或超过自治区平均水平，人民生活水平和质量不断提高。城镇居民人均可支配收入和农民人均可支配收入年均分别递增9%和10%；城镇新增就业平均每年超过5000人，城镇登记失业率控制在4%以内；健全覆盖城乡的社会保障体系，人民群众的幸福指数全面提升。

生态环境更加秀美 以"三山两河"建设为重点，打造北方绿色生态屏障，森林覆盖率提高到26.9%，城市绿地率提高到40.9%，人均公园绿地面积提高到29.8平方米，实现山青、水绿、城美，巩固"国家园林城市"建设成果。严格控制能源消耗和污染物排放量，环境质量持续提升，建成"国家环保模范城市"。

社会建设明显加强 教育、科技、文化、卫生等社会事业持续进步，基本公共服务达到自治区平均水平。加快推进爱国卫生运动，建成"国家卫生城市"。加强食品药品监管，确保群众"舌尖上的安全"，建成"国家食品安全城市"。加强和创新社会治理，民族团结、社会稳定的局面进一步巩固。

改革开放不断深化 加快转变政府职能，政府公信力和行政效率进一步提高。充分发挥集宁海关作用，加强对外贸易，建设国家级对俄蒙开放的大门户、联结欧亚的大通道、京津冀产业转移的接续地、乌大张区域合作的大平台。对外开放领域和空间进一步扩大，承接产业转移取得实质性进展，招商引资总额五年累计完成600亿元以上。

社会文明程度显著提高 中国梦和社会主义核心价值观更加深入人心，爱国主义、集体主义、社会主义思想广泛弘扬，向上向善、诚信互助的社会风尚更加浓厚，人民思想道德素质、科学文化素质、健康素质明显提高，全社会法治意识不断增强，建成"全国文明城市"。

主要任务与措施
以创新发展为动力
着力构建现代产业体系

坚持把创新作为推动经济社会发展的根本动力，强化科技创新与产业发展深度融合，继续推进产业转型升级，构建多元发展、多极支撑的现代产业体系。加快推进特色农牧业发展，以特色农业、种子工程和农畜产品加工业为重点，全面提高农牧业生产专业化、标准化、规模化、集约化水平，建设面向首都市场的农畜产品加工基地。着力推动工业经济转型升级，改造提升传统产业，做大做强优势特色产业，培育壮大新兴产业。以风电、新能源、新材料等产业为重点，扩大生产规模，延伸产业链条，带动产业集聚，打造装备制造业基地；以国际皮革城为核心，以皮件加工产业园、鑫源通皮件加工孵化园和察右后旗皮毛工业园为支撑，构建皮革全产业链发展格局，早日实现"皮革交易中心"发展目标；木材产业依托万方通泰木材加工产业孵化园，积极承接非首都功能疏解转移，引进培育10家以上龙头骨干企业，建成木材特色产品制销基地。加快园区提档升级步伐，力争将察哈尔工业园区升级为国家级工业园区。"十三五"末，规模以上工业增加值达到83亿元，年均递增9.4%。大力发展现代服务业，以建设现代化商贸物流中心为目标，抓住机场、高铁和海关形成的新优势，以物流、旅游、金融、信息和"四大新兴服务业"为重点，打造五大现代服务业集聚区。依托集宁现代物流园区现有的产业基础，主动融入"丝绸之路经济带"和乌大张经济合作区，推动商贸物流产业集聚发展，全力打造现代物流集聚区；抓住北京冬奥会契机，利用好"中国草原避暑之都"这张名片，围绕旅游业"吃住行游购娱"六要素，完善旅游公共服务和配套功能，提升旅游业的综合实力和竞争力，

打造旅游经济集聚区，建成旅游休闲度假集散基地；以强化保障和服务发展为宗旨，加快投融资体制改革，推动投融资方式创新，打造金融服务集聚区；依托华为云计算产业园和中信国安大数据中心，加快发展"互联网＋"和电子商务产业，引进一批互联网和基于互联网应用的企业和项目，建设电商服务平台和商品展示中心，打造信息与电商服务集聚区，建成信息产业基地；依托首都超级城市群，大力发展"文化、体育、养老、医疗"四大新兴服务业，着力培育新的经济增长点，打造新兴服务业集聚区。"十三五"末，第三产业增加值达到143亿元，年均递增9%。

以协调发展为目标
全力推动和谐宜居城市建设

树立"城市让生活更美好"发展理念，坚持区域协同、城乡一体化发展，完善促进协调发展的政策措施和体制机制，不断增强发展的整体性。统筹城乡协调发展，坚持高起点规划、高标准建设、高水平管理，统筹"空间、规模、产业"三大结构和"生产、生活、生态"三大布局，综合考虑中心城区功能定位、文化特色、建设管理等多种因素，进一步修订和完善现有的城乡发展规划，实现城乡统筹发展。

集宁国际皮革城

全面推进"五城联创",到2017年创城目标如期完成并争创"国家生态园林城市"和"国家森林城市",到2020年创城成果得到全面巩固和发展。"十三五"末,建成区面积达到80平方公里,人口达到60万人,城镇化率达到95%以上。完善提升基础设施,以建设现代化区域性中心城市为目标,统筹推进产业园区与城市建设同步发展,实现产城互动、产城融合。继续完善交通、供水、供热、供气、排污、电力等基础设施和公共服务体系建设,推进城市水系、地下综合管廊和"海绵城市"建设,提高城市综合承载能力。全面推进智慧城市建设,依托华为云数据中心,积极推进信息基础设施建设,完善城市公共信息平台,提高城市智能化、精细化管理水平。

以绿色发展为前提
努力打造秀美生态环境

坚持绿色富区、绿色惠民,努力为人民群众提供更多优质生态产品。以"三山两河"为重点,进一步拓展生态绿化空间,努力打造北方绿色生态安全屏障。"十三五"末,森林覆盖率达到26.9%,建成区绿地率达到40.9%,人均公园绿地面积达到29.8平方米。坚决打好大气、水、土壤污染防治三大战役,严格控制能源消耗和污染物排放,促进环境质量持续改善,真正实现让青山常在、绿水常流、蓝天永驻，为全区经济社会发展营造一流生态环境。

以开放发展为抓手
不断开创区域合作新局面

深化京蒙对口帮扶与合作，努力把握非首都功能疏解和产业转移的机遇，发挥两地资源互补优势，完善合作机制，拓展合作领域，努力引进有发展潜力带动性强的项目。发挥中心城区的独特优势，积极参与乌大张合作区建设，力争在产业发展互补互促、公共服务共建共享等方面不断取得新突破。积极实施向北开放战略，主动融入"一带一路"和"中俄蒙经济走廊"建设，大力发展空港经济和国际物流，建成一批面向俄蒙欧的经济技术合作区、进出口商品加工区。

以共享发展为根本
切实提高群众幸福指数

坚持保基本、兜底线、促公平，完善社会保障体系，优先保障重点民生支出，切实增进民生福祉。深入推进"大众创业、万众创新"，促进创业就业增收，让人民群众生活得更加幸福。深化教育改革，优化教育资源，提高教学质量，努力把我区建设成为自治区义务教育和高中阶段教育的领先区、各类教育均衡发展的示范区。大力发展文化体育事业，拓展和延伸文化产业链，

不断完善现代文化产业体系；深化和丰富体育发展内涵，提高人民群众的身体素质和健康水平。深化医药卫生体制改革，加强基层公共卫生硬件设施和医疗队伍建设，提高基层公共医疗卫生服务能力。持续开展社会主义核心价值观教育，积极开展文明创建活动，让文明之花在山城大地竞相绽放。

历史沿革

HUASHUONEIMENGGUjiningqu

历史沿革
LISHIYANGE

军事要塞、商贸重镇，历来是兵家必争之地、商家云集之处。千年部落征战，无数盛衰演变，古战场熄灭了烽火狼烟，现代文明辉映着千古神韵。

古代的集宁

据考古学家通过石器鉴定的证实，集宁地区很早就有了人类活动的足迹，而她的古文明的开端，是在夏、商、周时期。当时集宁周围居住着"荤粥"（音勋育）、"鬼方"，西周又出现了"猃狁"（音险允），据记载，集宁正在朔方治括之内，她是北方游牧民族的放牧之地。战国时期，她是赵国推行"胡服骑射"的练兵地之一。秦始皇统一中国，所造的驿道，集宁周围均有迹可考。当匈奴强盛之后，集宁正是匈奴与中原民族争夺与联系之地，二兰虎沟（今属察哈尔右翼后旗）出土的动物纹铜饰，证实着这种关系。到了汉朝，集宁属于雁门郡，但以后随着匈奴民族的败落，集宁地区移入了大量的乌桓人和鲜卑人。据史籍载："勇健智略"的鲜卑部落首领檀石槐，曾在今兴和县大青山设牙帐，集宁是他的部落大联盟的腹地。

北魏时期

北魏时鲜卑族拓跋珪是一位杰出的领袖，也是我国一位英明的皇帝，他虽然久居武川西乌不浪一带，但他出川成事之后，多次活动在集

距今6300年前，乌兰察布地区已逐步迈入新石器文明

49

宁一带。据《丰镇县志》记载：北魏太祖开国元年终十月屯于延水。延水又名修水，此水即发源于原正黄旗五禄户滩，南流迳兴和大青山的北河。又载：十二年冬十一月帝（即拓跋珪）讨慕蓉宝至参合陂，参合陂就在今凉城县岱海之边。

北魏王朝取胜南迁之中，将原京城盛乐（即今和林格尔土城子）定为北都，将雁门的平城（即今大同城郊）定为新的京城，人称南都。为保卫京城，防御柔然，曾在北方设有六镇，而依托于集宁这块地方的就有两镇。一是抚冥镇，它设在四子王旗境内；二是柔玄镇，一般认为它设在兴和县的台基庙。由此可见，集宁在北魏时的重要位置了。

北魏拓跋焘以后，集宁周围成了敕勒族（亦称高车）居住的地方，这个刚毅、质朴、爽朗、活泼的民族，逐牛羊，牧野在如画似锦的敕勒川上。他们曾创作了脍炙人口的《敕勒歌》："敕勒川，阴山下，天似穹庐，笼盖四野。天苍苍，野茫茫，风吹草低见牛羊。"据《北史》载："文成时，五部高车合聚祭天，众至数万，大会走马，杀牲，歌吟忻忻。其俗称自前世以来，无盛于此会"。隋唐时期，集宁均为北边，为突厥沙本略可汗都斥之东境和桑乾都督府之北境。

唐为冀州、并州。唐置河东关内道、云州、云中郡、单州都护府。

辽金时期

1981年冬，在集宁西南20公里处的察哈尔右翼前旗固尔班公社毫欠营子村的湾子山，发掘了一座古墓，出土一具完整的古尸。古尸身着铜网络，头戴鎏金面具，死者是一位三十岁左右、面目清秀的女子，头顶盘髻结辫，额前髡发，经与其他出土物件验证，是一具契丹女尸。

宋朝时契丹族是北方一强大民族，并建立了辽朝。集宁不仅是辽朝的腹地，而且还是一个繁华的避暑胜地。据《辽史》《丰镇县志》载：五股泉、黄旗海一带，当时称鸳鸯潭，也称集宁海子（古称昂古里淖儿、鸳鸯泊），她是渔猎游玩避暑的好地方。这里气候适宜，水草丰美，牛羊遍野，是一个肥美的原野。辽代的景宗、圣宗、兴宗、天祚等皇帝，都曾到这里游玩渔猎。景宗、天祚曾先后到这里巡幸六次。

到金朝的时候，集宁的名字已载入史册。据《金史》载："集宁，明昌三年（公元1192年）以春市场置"。由此可见，金朝时的集宁是一个繁华的春市场。

元代集宁路

唐代末年及宋、辽、金时代，

元代集宁路遗址

釉里红玉壶春瓶

景德镇窑青花高足杯

阴山山脉地段居住着汪古部（也称白鞑靼），集宁属于汪古部游牧的范围之内。由于汪古部接近中原民族，联系着西部民族，其文化水平较高，对促进当时集宁地区经济、文化的发展有过很大的影响。

1206 年，蒙古民族在北方兴起，铁木真被推为大可汗，尊称"成吉思汗"。铁木真继汗位之后，与金朝保持臣属关系。成吉思汗强大之后，为入主中原，积极地争取了汪古部，先与阿剌兀思剔吉忽里结成联盟，然后将汪古部王封为五千户首领，后来将自己的三女儿阿剌海别吉嫁给了不彦昔班，结成姻亲关系。汪古部在攻击、灭宋的过程中立了大功。

后来，元朝与汪古部子孙相约，"世婚世友"，在汪古部牧居的大青山东、西，建立了集宁路、净洲路、德宁路（今达拉特旗阿伦苏木）。

1958 年内蒙古考古部门曾对原集宁路故址进行了近两个月的发掘，出土了大量文物。"集宁文宣王庙学牌"铭刻着"尊师重道"宣扬儒学的文字而且背部镂有元代皇帝皇庆的字样，证实了"集宁总管府"的所在地。同时还发现了佛教寺院、大型磨作坊、手工场所、商业场等等。这表明，集宁路府当时是一座具有一定规模的文化、政治、经济的中心，集宁地区是元代的直辖区，她居住着多种民族，文才学士马祖常、赵世延均是汪古部的后裔。元代的农业专著、元曲的传播，《辽史》《金史》《蒙古秘史》等的完成，均是元代为后人留下的宝贵财富。据考，集宁路毁于元朝末期的一次战争之中。

明清时期

明朝虽然推翻了元朝，并一时辖有了集宁，但随后就转入了多年战争。未能统一的众蒙古部落，有本族内讧的战争，又有蒙古族与明朝的战争。当时集宁地区长期为达延汗所统治，属于土默特万户之内。到俺答汗三娘子执政期间，三娘子主张与明朝和好互市，从此"升报筑墙，盖屋以居"，使蒙古族与汉族之间的关系发展到一个新的和平安定的时期。明朝封俺答汗为顺义王，封三娘子为忠顺夫人，尽管后人对三娘子有不同看法，但她的和平互市政策，给蒙汉人民生产、文化等各方面带来的进步与好处，是值得赞誉的。

明末清初，蒙古察哈尔部林丹汗奉明朝之旨，东击科尔沁部落，林丹汗失败西迁，到了集宁地区。1632年，后金皇太极西击林丹汗，很快就占有了整个漠南，集宁属于后金。由于察哈尔部对抗过清朝，后来东迁辽宁。康熙十四年（公元1675年）察哈尔部布尔尼叛清被消平后，其所编八旗西迁宣化、大同边外驻牧，其右翼四旗（正黄旗、正红旗、镶红旗、镶蓝旗）移入今乌兰察布盟东部地区。此时集宁辖于正黄旗察哈尔，乾隆十五年（公元1750年）经山西巡抚阿里衮奏明

古长城遗址

批准，改为丰镇厅，隶属大同府。至此，一地二治形成，集宁既属丰镇厅，又属正黄旗，一直到清朝灭亡。民国期间集宁改县，仍是旗县并存，蒙、汉分治，徒滋纷扰的局面未能解除。只是到集宁解放之后，真正的民族团结、民族友爱才得以实现。

现在的集宁，原名老凹嘴，兴建于清末民初。此地原为山地荒原，气候寒冷，人迹罕至，系察哈尔之游牧地。清政府放垦土地后，才有少数几户农民来此开荒种地，因为此地山间峡谷逶迤，由南向东北延伸至平旷之处，系山水环抱的盆地，形似半圆的门鼻儿，当地人称之为老凹嘴。后传说不一，有"老鸹嘴""老鸦嘴""老窝嘴""狼窝嘴"之称呼。

民国三年（公元1914年），今集宁地区划归察哈尔特别区。1919年平（北平）绥（绥远）铺路修至苏集，拟在平地泉建立二等大站，待开工之日，由于外国神甫唆使和操纵，当地教民坚决反对，北洋军阀政府只得屈膝让步，移至于西北10公里处的老凹嘴，建成后命名为平地泉车站（现集宁南站），老凹嘴随之易名平地泉。1920年11月丰镇垦务局迁于此地，继续放垦。由于迁于此地定居的各方人士激增，民国政府于1921年10月初，划丰镇、凉城、陶林和兴和县各一部在此成立"平泉招垦设治局"，将平地泉的"地"字去掉，开始在老凹嘴这块盆地上筑城浚壕，设立衙署，规划街道，开辟商场，建立学堂。

1922年民国政府准备在此设县并拟名平泉，后因为与当时的热河省平泉县同名而决定另选它名。恰好这时在老凹嘴东南约20公里的黄旗海（一个淡水湖）北岸冲积平地上的正黄旗八苏木（今察哈尔右翼前旗巴彦塔拉乡土城子村）发现一座古城。城中有一处大型建筑遗址，系元朝大德十一年（公元1307年）所建的封号为"大成至圣文宣王"的孔子庙。庙内发现于皇庆元年（公元1312年）立的石碑，石碑刻有"集宁路"字样。经考证，"集宁"系金代县名和元代路名。《金史地理志》记载：西京路下属抚州，辖有来远、集宁、丰利、威宁等县。《至元迫制条格》记载：在蒙哥汗时就把集宁、净州等地封给赵王为世袭领地，赵王将集宁县升格为集宁路。《金史地理志》载："集宁，明昌三年以春市场置。北至界二百七十里。"其后经北魏到金，经济贸易范围更加扩大，并正式在这里建立了县城。当时"集宁"是由"集市安宁"而得名。后来认为"集宁"二字象征着"吉祥"，故遂从古名，并于1922年呈报批准命名为"集宁招垦设治局"。此后，商贾相聚云集，各方富豪购地营建房宅者，接踵而至，年复一年，遂成为一个大都市了。由于人口猛增，城镇范围扩大，工商业发展迅速，加之地处西北要冲，于1923年12月16日经北洋政府指令准予改县。遂于1924年2月15日正式建立并命名为集宁县。在集宁发展的过程中，虽然经历了不同的历史阶段，其管辖归属有所变化，但"集宁"二字没有变动。

近现代时期的集宁

解放战争期间，集宁曾是"三人小组"（共产党代表、国民党代表、美国代表）活动地点之一，敬爱的周总理曾乘飞机来过这里。解放战争过程中，集宁是战略要地，老虎山曾进行过多次战役，无数的革命先烈为消灭国民党反动派，解放集宁各族人民，光荣地牺牲在老虎山、卧龙山上。他们的牺牲换来了集宁的解放，1948年9月，集宁回到了人民的怀抱。

1949年12月，绥远和平解放，为统一行政区划，撤销集宁市建制，将集宁市恢复为集宁县城关区，集宁市人民政府更名为集宁县城关区人民政府，隶属于集宁县政府。随着城关区人口增加和工商业的发展，为加强对城市工作的领导，

1951年8月，集宁县城关区改为平地泉镇（县级），中共城关区委和城关区人民政府改为中共平地泉镇委和平地泉镇人民政府，隶属集宁专署（地委）领导。1954年3月，集宁专员公署撤销，归平地泉行政区人民政府领导。

1953年5月，集二铁路开始动工兴修，1956年1月正式通车运营。由于集宁发展规模迅速，人口增加，原来建制已不适应城市经济的发展。同年4月10日，经国务院批准，撤销平地泉镇，设立集宁市，平地泉镇人民委员会更名为集宁市人民委员会，隶属于平地泉行政区。

1957年10月1日，撤销集宁县，将集宁县所辖区域分别划归集宁市、察哈尔右翼前旗和察哈尔右翼后旗管辖。

1958年4月2日，经国务院批准，撤销平地泉行政区，将其所辖的15个旗县市划归乌兰察布盟，乌兰察布盟行政公署由固阳迁至集宁。同年，集宁市将11个乡整合为6个，即：那森格乐、老平地泉、大土城、庆德孟、白海子、希拉居力格。

1960年12月29日，集宁市将原来的两个郊区人民公社调整为8个人民公社，即：老平地泉、三号地、白海子、马莲渠、三成局、煤窑、大土城和三岔口。其中马莲渠人民

公社是由老平地泉人民公社划分出的，驻马莲渠村，遂以村名命名马莲渠人民公社。

1964年8月25日，按照上级决定，将集宁市的平地泉、三号地、白海子、三成局、煤窑、大土城和三岔口7个农村人民公社划归察哈尔右翼前旗管辖，只保留马莲渠一个郊区人民公社。至此，集宁市辖区面积变为114.2平方公里。

1967年12月26日，经内蒙古自治区革命委员会批准，集宁市革命委员会成立，隶属于乌兰察布盟革命委员会。1968年4月，全市各

增设新体路、新华街、福利区3个街道办事处，加上原有的3个，全市辖6个街道办事处。红卫人民公社复名马莲渠人民公社。

1984年4月18日，撤销人民公社建制，马莲渠人民公社更名为马莲渠乡，下辖7个村民委员会（榆树湾、小贲红、贾家村、翟家沟、李长庆、霸王河、马莲渠），28个自然村。

1992年11月25日，国务院批准集宁市为对外开放城市。

2002年，划出桥东街道办事处沙河以南的6个社区居委会，增设

集宁新区"三阳开泰"雕塑

系统、单位及大部分企业、事业单位先后成立了革命委员会。

1981年5月，集宁市革命委员会恢复为集宁市人民政府，隶属于乌兰察布盟行政公署。撤销街道人民公社，恢复街道办事处名称，新

新区街道办事处。

2003年12月1日，经国务院批准，撤销乌兰察布盟，设立乌兰察布市（地级），撤销集宁市，设立乌兰察布市集宁区（县级），仍辖8个街道办事处（桥东、桥西、

集宁新区街景

新体路、新华街、工业区、福利区、虎山、新区）、66个社区居委会、1个乡（马莲渠）、7个行政村、27个自然村。总面积为114.8平方公里。

2004年4月26日，经内蒙古自治区人民政府批准，将察哈尔右翼前旗白海子镇和黄家村乡划归集宁区，其中，黄家村乡辖区内包括第一次撤乡并镇前的三成局乡和黄家村乡，集宁辖区总面积增加到418.8平方公里。同年，经上级批准，将工业区、新区、福利区街道办事处更名为前进路、泉山、常青街道办事处。

2006年3月，将马莲渠乡十个"城中村"划归市区后，社区居民委员会增加到74个，马莲渠村委会"村改居"变为通州和卧龙两个社区居委会。6月20日，经自治区政府批准，撤销黄家村乡，将黄家村乡属于原三成局乡的九个行政村划归马莲渠乡管辖；将黄家村乡属于原黄家村乡的六个行政村划归白海子镇管辖。10月，经批准，马莲渠乡将16个村委会整合为10个。大十号、大三号、四股泉整合为大十号村委会；三成局、三股泉合并为三成局村委会；合义永、六号渠、郭亮村整合为合义永村委会。

2008年4月17日，乌兰察布市人民政府办公厅下发通知（乌政办发〔2008〕62号），决定实施内蒙古察哈尔工业园区行政区划，将察哈尔右翼前旗黄旗海镇和八大宏移民新村整体划归察哈尔工业园区管理，同时将白海子镇的乔家村、南界、章盖营3个行政村划归黄旗海镇管理；将察哈尔右翼前旗平地泉镇老羊圈行政村的二崇村一队、六队、邓士村民小组划归集宁区。

2010年，为建设集宁现代物流园区，将察哈尔右翼前旗平地泉镇的贾家地、来家地等6个自然村划入集宁区马莲渠乡，增设贾家地村委会，马莲渠乡共辖12个村委会。

2012年4月，经市委、政府批准，察哈尔经济技术开发区整建制划归集宁区管理，同时将原察哈尔经济技术开发区黄旗海镇霸王河以东的11个村委会共140平方公里划归白海子镇。

2013年，设立霸王河和卧龙山街道办事处，将白海子镇的乔家村、沙泉社区居委会和马莲渠乡小贵红社区居委会划入霸王河街道办事处；将马莲渠乡六合、杜尔伯特社区居委会划入卧龙山街道办事处。至此，集宁区辖一乡一镇、10个街道办事处，共74个社区、25个村委会，总面积526.5平方公里。

集宁战役

解放战争时期，集宁是我党同国民党在原绥远地区争夺最为激烈、战役规模最大的地区之一。从1946年1月到1948年9月，集宁爆发了集宁争夺战、大同集宁战役和解放集宁战役三次较大规模战役，历史上把这三次战役统称为集宁战役。集宁战役重创了国民党军队的有生力量，有力支援了辽沈战役决战，

集宁战役指挥部旧址

集宁战役纪念馆

集宁战役情景再现

解放了集宁和绥东地区，不仅在内蒙古解放战争史上留下了极为光辉的一页，也在中国革命战争史册上留下了浓墨重彩的一笔。

牵动最高统帅的集宁战役

集宁战役发生在1946年1月至1948年10月间。毛泽东在他的著作和谈话中曾经多次提到当时还鲜为人知的集宁。集宁战役曾使一大批叱咤风云的人物或运筹于帷幄之中，或决战于城垣之下。我们熟知的就有周恩来、贺龙、聂荣臻、胡耀邦以及傅作义、张治中、马歇尔等。

1946年战争爆发后，中央军委给晋察冀军区作战任务是夺取三路（平汉、正太、同蒲）四城（保定、石家庄、太原、大同）。晋绥军区

及晋察冀军区部分部队在晋北战役后，攻占县城十座，控制了大片土地，孤立了大同，造成了发起大同战役的时机。

大同是著名煤都，是平绥、同蒲铁路的连接点，连结晋冀的交通要冲，历来为兵家必争之地，大同被阎锡山控制，横梗在晋绥及晋察冀两根据地中间，拿下大同可使两根据地连成一片。

所以晋察冀、晋绥军区决定进攻大同，组成大同前线指挥部，以晋绥军区副司令员张宗逊为总指挥，以晋察冀军区副政委罗瑞卿任政委，调集两战区全部主力，共50个团，十几万人。这样的大兵团作战，是从抗战到解放战争开始后空前的大规模的战役，晋察冀军区第一、第二、第三、第四纵队及地方部队全部参战，晋绥军区主力全部参战，具体分工由第三五八旅、第五军分区第二团、晋察冀军区第三纵队及教导旅、炮兵团、第一军分区独立第十二、十三团担任大同攻击任务，第四纵队第十旅攻下应县后亦北上参加大同作战；以晋绥军区独立第一、第三旅，骑兵旅，绥蒙军区第七、第九团及晋察冀军区第二纵队第四旅等部队，晋察冀一纵，担任阻击傅作义部队的增援，张家口卫戍司令部教导旅在完成大同外围作

集宁战役纪念馆外景

战后，亦赴新堂参加打援。这样进攻和打援部队都占优势，于1946年7月31日发起进攻大同战役。

大同战役规模如此大，决心如此大，战略目的很清楚：一、消灭敌军阎锡山和傅作义有生力量；二、扫除延安至张家口一线障碍，完成绥远战役未完成的战略目的。

国民党军队大同守军为暂编第38师，东北挺进军马占山骑兵第5、第6师，保安总队，两个炮兵营，一个特务营和一个工兵连，共1.9万余人，由阎锡山的第八集团军副总司令楚溪春指挥。我军对其评价为建制混乱不统一，成分复杂，1.9万人部队分属七八个单位，战斗力低下，暂第38师由大量伪军编入，大同虽城垣坚固，地势险要，易守难攻，工事坚固，我军以绝对优势兵力是有把握攻下的。

对于傅部的增援，我方将领张宗逊和罗瑞卿也预有准备，晋绥军区独一旅守卓资山，独立第三旅抽出二十七团守集宁（会同绥蒙军区

两个团），骑兵旅守集宁西北土城；绥蒙军区第九团位于十八台，晋绥军区第四旅位于商都一线，作为打援右翼兵团，统一由绥蒙军区司令员姚喆指挥。以独立第三旅、绥蒙军区第七团、独立骑兵团于凉城，张家口教导旅于新堂，作为打援左翼兵团，由独立第三旅旅长杨家瑞指挥。

我军于1946年7月31日发起进攻，首先进攻大同外围阵地，经过三十多天激烈外围争夺战，已占领外围所有重要据点和东关，消灭敌军两千余人，逼近大同城下。

眼看大同危在旦夕，国民党军守将楚溪春连连向阎锡山告急，请求增援，阎远水救不了近火，且太原到大同铁路已被切断，无法出兵，只得向蒋介石求援。蒋这时兵力也陷在全国各个战场，也抽不出援军。

当时唯一能够调动兵力的就是在归绥的傅作义部，而傅作义对不属于自己管辖的大同采取观望的态度，傅系军队在国民党军队中可算

集宁战役红色纪念园

集宁战役红色纪念园雕塑

是异类，既受了我军影响，有我军的作风，如不怕苦，善夜战、善近战等，同时也带有旧军队习气。蒋介石为了使傅作义出兵增援大同，使出其军阀内战中一贯手法：给地盘、加官晋爵，把大同划归十二战区管辖。对于久处贫瘠之地绥远的傅作义说来，大同煤都，盛产乌金，又是晋冀两地交通要冲，真是梦寐以求的好事。

接到蒋介石的命令后，傅作义召集其亲信部将董其武、孙兰峰、郭景云、安春山、杨维垣、刘春方、刘万春及团以上全部军官到归绥出席秘密军事会议。这些军官到了归绥（今呼和浩特），闭门开了七天军事会议，严密部署策划，参谋长李世杰率各部参谋班子作了沙盘图演。傅作义反复讲话，讲解军事要领，作战法研讨，思想鼓动。为了这场决战胜利，傅作义将其所有军官关在营中，不准回家食宿，纪律十分严明，所以也没有泄密。另外为了防止泄密，傅作义部不用国民党军队共用密码，也使我军难以掌握其动向。

会后傅作义的参谋长李世杰亲赴庐山，向蒋介石汇报行动计划，蒋介石看了行动计划后极为满意，李向蒋介石介绍："傅将军此次举措，乃'围魏救赵'之计。傅部发三路人马，北路由陶林兵进集宁，南路出归绥，犯凉城，中路出归绥攻卓资。三路人马中以中路为实，两翼是虚，仅为疑兵。"取卓资、围集宁必定致大同我军分兵北援。只要傅部打掉我军增援部队，大同困境，自然缓解。此后傅部顺势挥师东进，直逼张家口。这确实是非常高明的战略战术，按一般军事常识，大同危急，救急如救火，应顺公路直插凉城、丰镇，直趋大同解围。怎么可能舍近求远攻集宁，但仔细看一下地图，琢磨一下，便可恍然大悟，顺公路攻凉城、丰镇，我军早有防范，已无奇兵之效，且费时费力，伤亡重大，事与愿违，以绝对弱势兵力去进攻

集宁战役地道口杨得志塑像

集宁战役红色纪念园雕塑

强敌事先预设之阻击，弄不好连自己一起赔进去，我军当时机动打援兵力四个旅已集中在麦胡图，若傅作义的主力果真顺凉城、丰镇来犯，则正中我军下怀，到时大同进攻部队还可以抽出5—6旅围歼傅军。而傅作义部攻集宁，则是出其不意，攻其不备，一箭双雕，攻下集宁，向东南可出兵丰镇、隆盛庄。从后方迂回包抄进攻大同之我军，对大同进攻部队威胁太大，必欲除之。攻下集宁，向东可出兵尚义、张北，直接威胁晋察冀军区的张家口，若不回救，张家口危险。所以攻集宁实在是高招，也是弱势之兵想要解围和取胜之唯一奇招，是现代战争围魏救赵运用最为成功一例。

从毛泽东对集宁的重视程度来看，我军势必全力回援，9月5日傅部占卓资山后，贺龙、聂荣臻已制定坚决守卫集宁方针，并报军委，毛泽东对集宁高度重视，当即回电。可见毛泽东对集宁重视程度。

傅军出动时机选择得恰到好处，选择在我军用全力扫清大同城关，正全神贯注攻打城垣的吃紧时刻，突然大举东援。这对我军急转身对付傅作义造成很大困难。

1946年9月3日，傅派其头号战将、暂三军军长董其武率主力暂三军之暂十一师、暂十七师，及另一主力第三十五军安春山之新三十一师共1.3万人，由中路出动；孙兰峰之骑兵主力共三千余人由北线出动，两军为一线进攻部队，猛扑卓资—集宁方向。第三十五军郭

集宁战役老照片

景云之一〇一师、李铭鼎新三十二师、卫景林的机动部队、刘春方骑四师为二线部队，随后增援。敌之总兵力为暂三军两个师，三十五军3个师及4个骑兵师共3.2万人左右。

暂三军经福生庄向卓资进发，新三十一师由陶林向卓资东北挺进，两军会师后，由暂三军、暂十七师与新三十一师对卓资山进行东西夹击。一〇一师及机动部队随后跟进，准备支援。北线敌之骑兵迂回进攻集宁西北之大小土城，威胁侧翼。南线敌之骑四旅攻占卓资山之外围据点毫切。

我军大同前线指挥部给王尚荣独一旅任务是要守三天，等待援军，卓资扼傅军出援之门户，首当其冲，责任重大，战前王尚荣和朱辉照政委及全旅领导深入部队做了战斗动员，落实了防御部署，精心筹划，其部署为：以二团配置在卓资山以西山顶高地组织防御；三十五团三营在卓资山东北高地组织防御，团主力配置在大、小南沟为二梯队，

准备向西山顶等地实行反冲击；七一四团主力为机动兵力一个连在西南高地掩护二团侧翼。9月5日拂晓前，敌以三个师兵力，安春山新三十一师，暂十一、暂十七师在一个炮团强大火力掩护下，向卓资山阵地猛攻。我军二团坚守阵地，顽强抵抗，击退敌军多次成连成营的连续攻击。到中午12时许，西山顶二营阵地失守，教导员王承烈牺牲。北线敌军占领头道沟东面高地后，迅速向卓资山南实施迂回包围。沿铁路南侧进攻的敌军也突破一营阵地，从西面向卓资山实施迂回包围。七一四团主力配置过远来不及增援，形势恶劣。王尚荣不得不在敌合围之前主动向东南方向撤走，以免被包围消灭，这是王一生中打得最不顺手的一仗。原定守三天，实际只守了8个小时，远远未能完成预定防守计划，又伤亡五百余人。

张宗逊原来估计，独一旅可以守三天，没想到损失那么大，那么快失守，增援部队两个旅还在路上，卓资已失守。

我军向集宁城发起猛攻

我方炮兵部队严阵以待

卓资山失守后，我军还是没有判断清楚敌之主攻方向，中央军委电报估计敌军可能有三种动向：一是待在卓资山不动；二是向凉城推进（仍旧考虑凉城、丰镇为敌之主要增援路线）；三是进攻集宁，决定在凉城附近麦胡图集中主力以观其发展。

相比其他战场，华北情报工作做得不尽如人意，在其他战场上，这样重要敌情，我军在1—2天内应已得到全部作战计划。

正是在这种没有情报情况下，9月7日，傅作义之主力暂三军之暂十一、暂十七师、三十五军新三十一师经平绥铁路以北的火石坝秘密东进。8日，到达集宁西北地区隐蔽集结。

我军由于侦察不力，迟至8日晚才知傅部已东进，马上将主力转向集宁。这时两军区决定，敌围魏救赵，针锋相对，围城打援，主力增援集宁，我军主力相继赶到集宁，

计有三五八旅、独一旅、陈正湘四纵队2个旅，教导旅，并令杨苏一纵队除留一个旅守延庆，另两个旅迅速赶来增援，骑兵旅，绥蒙军区第七团，骑兵团等等全部赶往集宁。两晋军区仅留杨成武纵队和地方部队继续围攻大同。

我军共集中8个旅，4万多人，配合集宁守军，准备全歼傅作义先头部队董其武中路1.3万余人，我军黄新廷的三五八旅进至八英滩，和卓资撤下的独一旅靠拢，李湘的教导旅、二纵萧应堂的四旅进至八英滩附近的三股泉，四纵邱蔚十一旅进至苏集车站，一纵两个旅到达集宁城东。趁敌向集宁进攻时，集中兵力向敌后方进行全面突击。

集宁大决战揭开帷幕。我方集宁守军为绥蒙军区2个团即第九团、第五团和绥蒙军区警卫营及晋绥军区独立第三旅第二十七团，共3个团加一个营兵力，由绥蒙军区司令员姚喆指挥。集宁城壕既深且宽，城墙上配置交叉火力网点。在城外，

激战集宁

城外官兵挺进集宁

我军又控制了老虎山、卧龙山等制高点，居高临下，易守难攻。

9月10日，敌杨维垣暂十一师、朱大纯暂十七师和安春山新三十一师，在空军配合下，向城外我军阵地发动进攻，首先向城西、城北两面阵地猛烈进攻，先后攻占卧龙山、南营房，逼近城垣。我方守军拼死抵抗，给敌人造成很大伤亡，敌军新三十一师九十二团团长孙英年重伤，两个营长阵亡。但敌不顾伤亡，继续进攻。我方守军因为阵地缺乏纵深，呈单线配备。10日下午，所有外围阵地全部失守，连续发动数次反攻，均未能奏效，于10日夜，我军余部全部退进集宁城内，准备死守。

两晋军区主力趁敌进攻之际，于11日从三面对敌军形成反包围，猛烈发起进攻，意在围歼傅部于集宁城下，当时形势完全有利于我军，当日夺回了卧龙山以南阵地和土城村高地，傅部3个主力师，万余人

危在旦夕，前有坚城，攻不动，后有我军形成包围进攻态势，逃不掉，成了瓮中之鳖，处此绝境之中，董其武只有孤注一掷拿下集宁，固守待援。11日，敌于西、南两面猛攻集宁，遭到我方守军痛击，未能得逞。于是企图西撤，退路已被我方援军截断，被迫固守集宁西北狭小地区。11日晚6时，集宁外围我军全部主力向董其武部发起总攻，经激战至12日晨，攻占了三岔口、脑包山、玻璃图、天门山、石灰山等要点及卧龙山阵地一部，歼暂十一师大部、暂十七师第三团共五千余人（其中俘敌两千），将新三十一师、暂十一、暂十七师残部压缩在卧龙山脚下及西南营房狭小地区，并袭击了暂三军司令部和暂十七师司令部，摧毁了电台，敌军只剩三十一师一部电台，傅部岌岌可危。

傅作义见情况危急，于11日上午拟急电三封，一封给董其武，第二封给刘春方骑四师，第三封给孙兰峰骑兵师。给董其武第一封电

我军运送武器装备

军民鱼水情

令被围部队不要死守，应把住我军进攻的3个方向，对集宁方向，应抽出机动兵力死攻，务必尽快拿下集宁，以便有落脚点；第二封电令刘春方骑四师，火速从西南方向包抄集宁，同左翼一〇一师呼应，对已包围集宁城下我军实施反包围。第三封电令孙兰峰骑兵师向集宁东迂回攻击，策应暂三军和新三十一师攻打集宁。同时催促三十五军殿后主力郭景云一〇一师迅猛攻击我军包围部队，以解暂三军之围。

当时战场形势极为错综复杂，扑朔迷离，惊险激烈，敌3个主力师进攻我方守集宁的3个团，我方主力8个旅包围敌进攻之3个主力师，敌一〇一师、骑四师又从后进攻我包围部队，企图救出被围之暂三军及新三十一师。

双方都竭尽全力拼死搏斗，这时谁出现错误，而对方能抓住机会，谁就能获胜，按照当时战场形势，敌军董部被压缩在城西南一角，坐以待毙，我军只要发起连续攻击，

便可全歼这股敌人。就在此时，因为第一天我军战斗伤亡大，所以没有组织连续进攻董部，整个12日白天没有采取任何行动。而敌军利用12日白天重新组织、集结、整顿，再度进攻集宁。

因为情况紧急，必须立刻拿下集宁，敌暂十一师师长杨维垣当着全体军官、士兵，拿起军刀切下自己二段指头，指着二段指头说："有敢畏缩不前者，有如此指。"所以"杨维垣断指攻城"在董部传为佳话。所部官兵也知道到了生死存亡关头，无不拼死相搏。

集宁方面，自我方守军10日晚退入城内后，傅军从11日开始一直在向集宁城进攻。9月12日拂晓开始，敌军新三十一师、暂十一师、暂十七师发动第二次攻城，各主攻部队全线进攻集宁。

12日中午过后，在空军掩护下，新三十一师九十三团首先从东南角突破，进入城内，与我方守军展开巷战，后续部队亦蜂拥进城。随后

我方守军在卓资山铁路沿线穿插战斗

慰问前线

暂十一师亦由西南角突破攻进城内。集宁危急! 姚喆指挥组织了几次有力反击,都未能将敌人逐出。进城傅军一路抢占面粉公司要点,另以数路向通顺街发展,城内我方守军各自为战,沿街逐房逐屋争夺,傅军占通顺街以南后,反复向街北进攻多次,均被击退,遂与我方守军隔通顺街对峙。张宗逊急调杨苏纵队一个团入城增援,杨苏纵一旅第一团在团长李觉率领下跑步进城,正逢我城内守军因无法再守,已带几十个人撤出城外,而姚喆、罗坤山等人则被包围在城内,形势危急,一旅一团迅速发起反击,双方都知道到了最后生死关头,各不相让,展开了殊死巷战。集宁城内城外,我军与敌军界限完全失去,城里房倒屋塌,四下弹痕累累。尸体充街盈巷,几万人的鲜血流满街巷,其情景非笔墨能形容,城外田野山脊,四处皆为阵地,我军与敌军混战,枪击刀砍,石砸,哀号声漫山遍野。这时仍是最最关键时机,只要外围

我军全线进攻,会同集宁我方守军里应外合,敌插翅难逃,为了全歼敌军,我军于9月12日16时开始对集宁城内外敌军发起进攻。但就在这时,我军大同前线指挥官张宗逊又犯了第二个失误,因为郭景云一〇一师凶猛来援,张宗逊决定停止对傅军的围歼,无异于放虎归山,张宗逊抽调大部主力,西出大脑包山,以首先歼灭敌军援军一〇一师。只留四纵十一旅和城内我方守军与董部巷战,因此两个方向都形不成优势兵力。既未能战胜一〇一师,又未能将董部逐出城外,集宁我方守军经一天多巷战,伤亡惨重,无法再战,下午3点左右,董其武派城外部分援军进城与城内敌军会合,攻击更猛烈,并集中炮火向我军主阵地电话局猛攻,同时以一个营兵力迂回进攻电话局后方车站,晚上8点左右,城内大部分阵地失守,到13日晚上10点,实在无法再守,绥蒙军区命令撤出战斗,转移城外,进入山区。

13日晨,董部趁我军主力西去

占领铁路线

集宁战役红色纪念园

打援，又重新恢复了卧龙山、天门山、石灰山等阵地，并向小脑包山攻击，以策应一〇一师东进，夹击我打援部队。

而与援敌一〇一师的交战也极为不顺利，第一线部队与一〇一师在东土坑山激烈交战，我军大队援军奉张宗逊命令赶去增援，大队正隔着山运动，一〇一师进攻山顶我军时，由于步兵进攻接近山顶，炮火须延伸射击，但因炮位低、距离近、山顶高，瞄准仰角必须加大，而仰角加大，炮弹即超越山顶而过。这样的越山炮弹，竟打了百多发。急得郭景云直跺脚，厉声命令炮兵，立刻修正角度，再把炮弹打过山顶，就要枪毙。

其实他不知道这些阴错阳差炮弹帮了他大忙，这些越山炮弹，不偏不倚落在前山我军的援军大部队人群中，前线指挥部又判断失误，以为这是傅作义大部队到达，有腹背受敌之危险，于是命令部队撤退，

把所有战机都丢了。与此同时，13日中午12时敌三十五军李铭鼎新三十二师、骑四师尾随一〇一师前来增援，向我军阵地猛攻，实际这时我军已决定撤退，这些部队正赶上追击。

集宁城失守，外围包围打援又失败，集宁战役失败。集宁失利，傅作义即派出援军向大同增援，大同亦无法再攻，杨成武纵队不得不于9月16日撤围大同。傅作义以弱势兵力攻集宁，解大同之围魏救赵战术达到目的。

大同—集宁战役历时一个半月，由于指挥官两次关键指挥失误，使战役失败，大同未攻下，集宁又失守，张家口处于敌军两面夹击不利形势下。集宁失利，大同撤围，导致了晋察冀我军形势急剧恶化，并

我军胜利入城

使西北野战军在战略上极为被动，使胡宗南得以无后顾之忧出兵延安，给中央造成极大麻烦。

傅作义集宁一战出尽了风头。楚溪春守大同也因此扬名全国，陈诚去东北主政，第一个请的就是楚溪春。

集宁战役是华北关键战役，其失败影响是极其重大和深远的，罗瑞卿后来评论说："大同战役，实际上是一次败仗……！这是起了战略性的影响的。主要的还不是影响了张家口的过早失守，主要的是影响了晋察冀地区在大半年时间内，在对敌作战中都处于被动地位。这是一次战役方针不对，在执行战役时又无明确计划（如究竟重点是攻城还是打援？是没有明确预见的。先着重打城，而后又被迫打援）以及轻敌、不集中兵力等完全违反毛

主席军事思想的一个相当典型的战例！"

取得最终胜利

1948年，我军由战略防御进入反攻，转入决战阶段。1948年8月毛泽东调聂荣臻、杨成武赴西柏坡，面授杨成武的三兵团进军绥远，以牵制平津，配合辽沈战役。

解放集宁战役（我们称为第三次集宁战役——编者注）就在这进军绥远的号角声中打响了！

杨成武将军在其回忆文章《毛主席指示我们进军绥远》里，为我们再现了解放集宁这一历史事件：

1948年7月31日，我接到华北军区聂荣臻司令员的电报，要我赶到军区，和他一起去中央接受新的任务。

8月2日，我到了华北军区所在地平山县烟堡村，见到了聂司令员。

晋绥军区部队在集宁车站集结

参加集宁战役的将帅群雕

聂司令员对我说:"主席找你去,一起谈。任务是准备配合东北作战。东北部队攻锦州,打锦西、沈阳增援的敌人。主席考虑,要华北野战军配合东北作战,把华北的敌人拉住,不让他出关,否则东北战斗会受影响。你指挥的部队组成第三兵团。具体情况到那里去谈。"

8月3日,聂司令员和我各骑一匹马,沿滹沱河北上,由南岸到北岸,一上午就到了中央所在地——西柏坡。

我们先见到周恩来副主席。周副主席说:"下午3点,毛主席和书记处的同志和你们一起谈。"

下午3点,我随聂司令员到毛主席的住处。进到屋来,只见正中放着一张高脚八仙桌,四面摆着条凳。毛主席迎面而坐,左边是周副主席和朱总司令,右边是少奇和弼时同志。毛主席身后的角上,是一个矮桌,上面放着暖壶和几个战士用的那种搪瓷缸,充满了农家气息。

我们坐在主席对面空着的长凳上。

毛主席非常客气,用瓷盘装了一盘糖果,放在八仙桌的中间,请大家吃;又给每人倒了一搪瓷缸子茶水,这才拿起一份电报说:"你们先看看。"

……

读完两份电报,我明白了,今天毛主席和中央书记处的同志召我们来,赋予我们使命,和东北我军的一次重大战役——锦州战役密切地关联着。毛主席亲自主持、中央书记处领导同志集体面授机宜,如此庄严郑重,可见要交待的任务非同一般了。

毛主席站了起来,伸出两个指头,操着浓重有力的湖南口音说:"晋察冀野战军6个纵队,现在改组为华北野战军二、三两个兵团。以第三纵队、第四纵队和二纵队的一个旅,组成第二兵团,并统一指挥冀热察的地方部队,由杨得志同志任司令员,罗瑞卿任政委,耿飚任参谋长。以第一纵队、第二纵队的两个旅、第六纵队组成第三兵团，并统一指挥晋绥的第八纵队、内蒙的两个骑兵师以及晋西地区的地方部队，由杨成武同志任司令员兼政委，李天焕任副政委。"

毛主席点了一支烟，接着说："你们第三兵团准备进军绥远，开辟新的战场，配合东北作战。你们把傅部的主力拉住在平绥线，调动他们向归绥转移，使华北的敌人不出关、少出关……"

毛主席又说道，"如果要保证站住脚的话，你们必须做到：

第一点，要有充分的精神准备，就是思想准备。要把困难想透，把可能遇到的困难想够，充其量最大的困难有多大。根据存在的困难，想出如何对付这些困难。有了精神的准备，遇到困难就吓不倒你们了。到绥远开辟新的战场，配合辽沈战役，保证把关内傅部的主力两个兵团拉住。能拉住这两个兵团，也就把华北的中央军拖住了。华北的敌人不出关、少出关，东北的部队就可以完成锦榆线上的作战，完成辽沈战役。这就是东北在那里打，华北在这里牵。你们不是直接参加了辽沈战役，而是间接地参加了辽沈战役。这是第一点你们要做到的，这叫精神准备、思想准备。

第二点，要做好充分的物质准备。武器弹药该补充的、能补充的就赶紧补充。吃饭是个大问题，要把吃饭问题当作站住站不住脚的最大困难。绥远那个地方只要有银圆，就能搞到粮食。"

毛主席说到这里，思忖片刻，转向周恩来副主席："你交待薄一波同志，给他们10万现洋，让他们背着，揭不开锅的时候。就用它买粮食。现大洋在绥远是很管用的。"

周副主席点了点头说："好吧，我立即通知薄一波同志，叫他们着手筹划这笔款子。"

听到要拨给我们这么一大笔现洋，我忙说道："10万现洋，得多少人挑呀，我怎么带得动啊！"

朱总司令听后笑了笑说："你们可以用红军时期那个办法嘛，连长背50块，排长背50块，分给大家背，没有吃的就用现洋换。搞不到小米，可以买土豆。"听了朱总司令的话，我连连点头。

"另外一个"，毛主席接着说道：

集宁战役胜利纪念地

70

集宁战役红色纪念园

"克服困难的另一个办法，晋西北、晋察冀组织强有力的支前部队，支援你们，组织一个强大的工作团，到绥远后发动群众、组织群众，也可以带一批支前的民工、担架队呀，把这些组织好，包括民工的政治工作、思想工作，都要做充分。"

毛主席稍作停顿，往放凉了的茶水里加了点热水，润了润嗓子，接着说下去："第三个准备，首战必胜。第一仗必须打胜。第一仗把集宁那个师消灭了，然后从集宁，由东向西各个纵队以归绥为总目标，向西进军。把东面的集宁占领了，把西面的包头占领了，把凉城、丰镇都占领了，就剩下一个归绥，那你们就站住脚了。首战必胜。这一仗必须打好。这是你们要注意的第三点。"

……

当夜，我和聂司令员住在招待所的一间房子里。

我想到这次任务重大，司令员和政治委员最好由两个人担任。我考虑李井泉同志是晋绥的书记，有丰富的作战经验、政治工作经验和地方工作经验。地方工作团和繁重的支前工作，都可以依靠他。于是我向聂司令员提议，由李井泉来当政委。

聂司令员听了我的意见，当即表示同意。第二天一早，我们首先到周副主席那里。

周副主席把我们叫进他的卧室，等我们坐下后，周副主席问："你们考虑得怎么样？"

集宁战役纪念馆内景

聂司令员说："成武提议，请李井泉同志来当兵团政治委员。"

周副主席说："这个意见很好，我也同意。报告主席，主席批准就行。"他又问我："还有什么？"

"没有了。"我说。

周副主席又带我们来到毛主席的办公室。周副主席谈了请李井泉当政委的意见，毛主席说："这个建议很好。马上下命令，要李井泉同志在朔县等三兵团部队。"接着主席又同我们谈了兵团干部的配备和如何克服困难的事。

毛主席谈完以后，我们马上告辞，踏上归程。我和聂司令员挽缰并辔，离开了中央驻地。

临走时，毛主席又加拨给我们一批布匹，以备饿肚子的时候换粮食吃。

8月21日，根据中央军委的命令，三兵团各部队从易县、涞源地区分路出发向雁北开进。经过一周的行军，到了朔县地区，与李井泉

政委带领的工作团和晋绥八纵队的领导同志会合了。南北两路行军队伍，也都按期赶到，在预定的朔县、山阴、代县地区集结。兵团前委在朔县米西马庄召开了有晋绥党政领导干部参加的扩大会议，进一步研究了作战计划。

9月4日，部队继续向绥远进发。各纵队分别向集宁、归绥展开。为了隐蔽行动，部队昼宿夜行。虽是中秋时节，塞外已是北风呼呼，寒气袭人。指战员们负重七八十斤，行军长途跋涉，不少同志脚上打起了泡，肩上磨出了血。但党中央和毛主席的指示鼓舞着同志们战胜各种困难，勇往直前。绥远地区村落稀少，宿营困难，为了不惊动群众，部队多在屋檐下、门洞内、矮墙边、草堆里甚至街头过夜。连队还利用行军间隙帮助群众收割庄稼，打扫院子，挑水推磨，宣传我党政策，使沿途群众打消了疑惧。共产党的好政策和人民军队的优良传统，像

集宁战役纪念馆将帅墙

参观集宁战役纪念馆

春风一样吹拂着寒冷的塞北大地，温暖了广大群众的心。

在进军中，各部队都遵照毛主席的指示，想了很多办法解决粮食困难。毛主席批给我们的银圆、布匹，起了很大的作用。许多部队都是用它换取小米、土豆和一些蔬菜、牛羊肉。一路上，李井泉同志带领的工作团广泛地发动和组织群众，踊跃支前，本着买卖公平的原则，做到有粮给粮，有肉给肉，保证了部队基本上能吃饱。

按照毛主席首战必胜的指示，我们认真地研究了毛主席"集中优势兵力，各个歼灭敌人"的作战原则，用一、八两个纵队包围了集宁城。集宁，是绥东重镇，是连接张家口、大同的要地，城围八里，城高二丈五，宽一丈余，外有六尺宽的护城河。城东南有老虎山，城西是卧龙山。敌人在这两个制高点构筑有钢筋水泥工事。面对坚城，我军将士勇猛顽强，机动灵活，不到一天就攻下了集宁，歼敌一个旅，俘虏敌军旅长，

传出了进军绥远的第一个捷报。

攻打集宁的同时，我军以破竹之势，用四天时间解放了绥南、绥东的广大地区，又歼敌六千五百余人，控制了从丰镇以北到归绥以东的平绥铁路全段。就在这时，我军二纵队攻占了包头城，并向西追击逃敌二百余里，歼敌大部。我军骑兵部队沿大青山向绥北发动了进攻，接着解放了绥西和绥北的广大地区。这时候，天空下起鹅毛大雪，夜间气温降到零下二十多度。同志们的眉毛都结上了冰霜，戴着口罩呵出的气很快变为"冰须"。部队忍饥耐寒，顽强拼搏，横扫塞外，乘胜包围了孤城归绥，直逼傅作义的老窝。

我军三兵团的这一行动，使傅作义大为震恐。他看到后院起火，便慌慌忙忙地把他驻扎北平、张家口的嫡系部队、骑兵约十个师旅星夜西援。情报传来，我军便留下一个纵队和地方部队监视归绥，控制包头。主力立即挥师东进，集结在

集宁战役碉堡遗址

丰镇、集宁、凉城地区，准备打击西援归绥之敌。与此同时，华北野战军第二兵团向北平、承德、张家口地区进逼，策应三兵团的作战。这时，傅作义又不得不命令援绥的十师之众，掉头东返，疲于应付。这样，中央军委、毛主席关于拉住傅部主力不使其出关的战略意图终于实现了，保证了东北我军取得辽沈战役的伟大胜利，并为随后取得平津战役的伟大胜利创造了十分有利的条件。

从杨成武将军的回忆中可以看出，1948年进军绥远是中央军委、毛主席配合辽沈战役的一次重要战略部署，而毛主席的指示："第一仗必须打胜。第一仗把集宁那个师消灭了，然后从集宁，由东向西各个纵队以归绥为总目标，向西进军。"也凸显了集宁在此战役中的重要战略地位。

集宁攻城战役打响前，9月20日之后，第三兵团连续完成了红砂坝阻击战、大土城歼灭战、玫瑰营阻击战、南亳堑阻击战等外围战役，于9月26日凌晨2时完成了对集宁的包围。9月26日下午6时30分，战场总指挥姚喆司令员一声令下，晋绥八纵的战士们立即对集宁城展开了强大的攻势。战斗进行了近17个小时，我军于27日11时攻入集宁，

战斗结束。

此战役歼敌3500余人，我军伤亡极小。第二次集宁战役之耻，终于得雪。

1948年9月29日，晋绥八纵的集宁守军奉命撤出，在城外山地阻击西援之敌，待大兵团集结，围歼之。10月5日，因为张家口敌军遭我晋察冀兵团的威逼，援敌东返，集宁城敌军不战自退，至此，集宁城永远回到了人民的怀抱。

为后人留下宝贵精神财富

集宁战役是一部辉煌的史诗。集宁战役，捍卫了抗日战争在这一地区的胜利成果，重创了国民党的有生力量，拖住了傅作义的几十万部队，有力地支援了辽沈决战的胜利，解放了集宁和绥东地区。它的丰功伟绩不仅在内蒙古的解放史上写下了极为光辉的一页，同时也载入中国革命的史册。

乡镇街道

HUASHUONEIMENGGUjiningqu

乡 镇 街 道
X I A N G Z H E N J I E D A O

城市建设日新月异，基础设施配套完善，生活区域功能齐全，健康向上的人文环境、舒适便利的生活环境、和谐安定的社会环境，使集宁成为宜居宜业宜游的幸福之城。

霸王河大桥

马莲渠乡

马莲渠乡位于集宁区西北部，辖区面积189.5平方公里。下辖翟家沟、霸王河、李长庆、师家村、六号渠、三成局、大十号、三股泉8个村委会，下设46个村民小组，总户数5426户，总人口17600人，常住户3044户，常住人口8864人。乡党委下设4个党总支、16个村级党支部、1个机

关支部、1个离退休支部，共有共产党员424人。全乡现有耕地3.7万亩，保有机电井148眼，水浇地2.2万亩，建成温室大棚1122栋，有自来水井25眼，7700多人吃了上安全卫生的自来水。修成通村公路45公里，修建砂石路150公里，新建维修农民住房480套，沼气普及率达到30%，建成环保厕所260座，卫星电视

集宁新区街景

信号覆盖率达到 90% 以上。

白海子镇

白海子镇辖区总面积 251 平方公里，辖 17 个行政村，分别为：黄土场、泉脑、麻盖、章毛、圣家营、赵家村、富贵、土城子、南界、六苏木、七苏木、小东号、大河湾、哈伊尔、泉脑、南洼、泉玉岭。

下辖 4 个社区，分别为：泰安社区、红海子社区、乔家村社区、章盖营社区。

全镇共 74 个自然村 10 个居民小组。在册 13137 户，33627 人；常住 6071 户，14516 人。（17 个行政村在册 9660 户，25184 人；常住 3416 户，7632 人。4 个社区在册 3477 户，8443 人；常住 2655 户，6884 人）总耕地面积 11.15 万亩，流转土地 11052 亩。

截至 2015 年底，全镇共有共产党员 693 人。设 22 个党支部（其中机关党支部 1 个，党员 52 人；村党支部 17 个，社区党支部 4 个，共有共产党员 641 人。）

新华街街道办事处

新华街街道办事处位于内蒙古乌兰察布市集宁区西南部，辖区东起京包铁路线，西至 208 高速，南起 110 国道，北至新华街，总面积 7.29 平方公里。总户数 16340 户，总人口 43602 人，其中常住户数 9387 户，23862 人，流动人口 6933 户，19740 人。下辖 8 个社区居委会，分别为：

集宁新区夜景

通州社区、卧龙社区、南园社区、顺河社区、古楼社区、广场社区、新华社区、益民社区。有驻片单位12个，辖区属典型的城乡结合部。

桥西街道办事处

桥西街道位于集宁区西北城乡结合部，属老城区，辖区面积2.65平方公里，总人口约22073人，8587户。桥西街道办事处下辖通佳、马桥、粮源、回民、北财、北官房6个社区，由于地域及历史原因，桥西辖区经济基础薄弱、老年人口多、贫病孤残等弱势群体多。

桥东街道办事处

桥东街道位于集宁区中心城区商业繁华地段，东起建设路、老虎山中心线、生态大道，西至京包铁路线，北起通达街、恩和大街，南至沙河东街、110国道（榆树湾立交桥）。辖区面积5.17平方公里，服务半径2.5公里，总户数24194户，辖区总人口60485人。所辖8个社区分别为：东民建社区、光明社区、电业社区、九龙社区、龙湾社区（原集丰桥社区）、泉山北街社区、白泉山社区、利民社区。40个网格。街道党工委下设10个党支部（包括机关支部、离退休支部、8个社区支部），现有共产党员782名。辖区区直单位党组织17个。

前进路街道办事处

前进路街道位于集宁区中部，处繁华之地，交通便利，人口密集。东以工农路为界，与常青街道办事处相邻；南至沙河，与虎山街道办事处相邻；北抵霸王河，与马莲渠乡相邻；西到建设街，与桥东和新体路办事处相邻。辖区面积4.42平方公里，所辖10个社区居委会，分别为：育人社区、电管社区、建筑社区、科技社区、为民社区、宏伟社区、解放社区、新兴社区、繁荣社区、华府社区。56个网格，总户数22013户，总人口57134人，共222个小区，由汉、蒙古、回、满、朝鲜、壮族等16个民族构成。个体商业网点3000余家。办事处工作人员共46人。

新体路街道办事处

新体路街道位于集宁区旧区中心地段，东起建设街，与前进路街道相邻；西至铁道线大铁桥，与桥西街道相邻；南起恩和路，与桥东街道相邻；北至北霸王河，与马莲渠乡行政村相邻，辖区面积5.8平方公里。驻区单位有市级、区级、铁路、驻军共47个，其中自治区级精神文明单位2个，市级标兵精神文明单位2个，市级精神文明单位6个，集宁区级标兵精神文明单位10个，集宁区级精神文明单位15个。

街道设立党支部1个,便民服务大厅1个,工作人员共41人。下辖8个社区,分别为:新电路社区、如意社区、团结路社区、外运社区、体育场社区、红楼社区、怀远北社区、恩和路社区。

辖区共47个网格,社区专职工作者65人。共有12个党支部,其中社区党支部8个,机关党支部、离退休职工党支部各1个,非公有制企业党支部2个,现有共产党员336名。常住户15800户,33790人;流动人口2436户,7436人。有汉族、蒙古族、满族、回族、朝鲜族、达斡尔族、壮族、藏族、锡伯族、苗族、土家族、维吾尔族等12个民族。

虎山街道办事处

虎山街道办事处隶属集宁区委、政府派出机构,属行政单位,位于集宁区东南部繁华之地,交通便利,人口密集。东以伊垦沟与常青街道

老虎山一角

相邻,南至110国道与泉山街道相邻,北抵沙河渠与前进路和常青街道相邻,西到生态大道与桥东街道相邻。辖区面积16.2平方公里,所辖11个社区居委会,分别为:虎山、青山、建设街、建桥、东新建、文化区、文化路、新城、工农路、友谊、百旺社区。56个网格,总人口63412人,其中常住人口46002人,暂住人口17042人。

常青街道办事处

常青街道办事处的名称因辖区主干道常青路而得名,辖区位于集宁区东部,东至霸王河东岸,西至

崛起的新城

功能齐备的社区

工农大街，南起南河渠与虎山办事处辖区相邻，北至常青路与李长庆村相接。辖区占地面积13.95平方公里，辖区总人口36148人，总户数13725户。街道下设7个社区，分别为：福华、东长青、东沙河、佳美、福新东路、华宁、五鹿社区。辖区内共有党总支3个，党支部15个（其中：机关支部1个，社区13个，企业1个）。辖区驻片单位21个，专业社会组织2个。

泉山街道办事处

泉山街道办事处成立于2002年，原称新区街道办事处，撤盟设市后更名为泉山街道办事处。设置社区居民委员会6个，分别为：永安社区、永泰社区、察哈尔社区、乌兰社区、榆树湾社区、满达社区。辖区面积9.92平方公里，东起工农南路，西至怀远南路，北起110国道，南至京藏高速。

卧龙山街道办事处

卧龙山办事处东起怀远南路、京包铁路，西至集宁—察右前旗行政界；北起110国道，南至集宁—察右前旗行政界线，约17平方公里（其中集宁现代物流园区规划占地面积15平方公里）。有四个社区居委会，分别为：平安、碧海、商贸、三号地社区。辖区内有40个住宅小区，6711户房屋，街道现有居民4684户，11376人。卧龙山街道办事处现有5个党支部，其中4个社区党支部、1个机关党支部。办事

集宁新区一角

图书馆

处现有共产党员 122 名,其中机关党支部党员 4 名,碧海社区共产党员 20 名,平安社区共产党员 13 名,商贸社区共产党员 56 名,三号地社区共产党员 29 名。

霸王河街道办事处

霸王河街道办事处成立于 2013 年 5 月,位于集宁新区东南部,所辖区域东起霸王河,西至工农南路,北起 110 国道,南至集宁—察右前旗行政界,辖区总面积 18.89 平方公里,辖区总人口 3.2 万人。街道党工委下设 1 个党总支和 7 个党支部,共产党员 154 人。街道设有和顺、瑞宁、沙泉、博源、通和五个社区,辖区内建有红星美凯龙、佳维时代广场、惠民园市场、职院、医专、和顺小学、维邦世基等商业、学校及住宅

小区,辖区属于城市新建区域。

集宁现代物流园区

集宁现代物流园区规划占地面积 130 平方公里,共分三大区块,即综合物流区 15 平方公里,能源矿产品物流区 108 平方公里,农畜产品物流区 7 平方公里。总投资约 512 亿元,共分三期建设。

园区总体定位:利用集宁优越的区位优势和便利的铁路、公路交通网络,形成有效连接呼包鄂、锡林郭勒盟、二连浩特、蒙古国、俄罗斯等资源基地和京津冀制造加工

集宁新区街景

基地，与三北地区、环渤海地区联合协调的现代化物流园区。大力发展以总部经济、会展经济、信息服务、对外贸易结算和皮件、小商品、建材、汽贸、专业市场为主的综合

集宁国际皮革城

物流集散中心，以石油、煤炭、矿石、再生资源、木材、仓储、加工、铁路运输为主的能源矿产品物流集散基地，以马铃薯、红胡萝卜、肉制品、皮革制品、仓储、加工为主的农畜产品物流集散基地。

集宁现代物流园综合物流区位于集宁城区西南方向，208高速公路东侧，110国道南侧，拟建京新高速公路北侧，京包铁路西侧。占地面积15平方公里，分二期建设，预计总投资52亿元，由内蒙古恒信精功投资有限责任公司投资兴建。全部建成投入运营后，货物仓储物流量将达到1000万吨，实现营业额100亿元，税收5亿元，解决就业2万人。该园区分为会展及信息中心区、中小企业总部区、信息产品研

发区、电子交易中心区、集宁古街及民族商贸特色区、期货交易及国际贸易结算区、汽贸及专业市场区、市场配送及批发交易区这八大功能区。

集宁现代物流园能源矿产品区位于集宁城区东北方向，集宁七苏木火车站北侧，208高速公路南侧。规划占地面积108平方公里，分三期工程建设，预计总投资432亿元，一、二期工程建设面积16平方公里，总投资60亿元，建成投入运营后，货物物流量达到3700万吨，实现营业额370亿元，税收18.5亿元，解决就业5万人。该园区共分铁路站场区、煤炭、矿石洗选加工区，能源仓储加工区，其他产品仓储加工区，配套服务区五大功能区。

集宁国际皮革城

农畜产品物流区位于集宁城区西北方向，208高速东南侧，霸王河北侧。规划占地面积7平方公里，

分两期工程建设，总投资28亿元，全部建成投入运营后，仓储物流能力达到300万吨，实现营业额30亿元，税收1.5亿元，解决就业2万人。该园区共分农畜产品物流信息区、仓储区、加工区、专业市场区、配套服务区五大功能区。

察哈尔经济技术开发园区

内蒙古察哈尔经济技术开发区成立于2006年，是经国务院批准的自治区级（省级）工业园区，是自治区二十四个重点园区之一，也是内蒙古自治区沿黄（河）沿（交通干线）线经济带重点工业园区之一。地处环渤海经济区和呼包鄂"金三角"的结合部，位于国家京、呼、银经济隆起带的中心位置，是连接东北、华北、西北的纽带。西距呼和浩特130公里，距包头280公里；北距二连浩特口岸300公里；南距大同110公里；东距首都北京320公里，距天津港400公里。是华北地区连接蒙古国及俄罗斯的交通枢纽，也是通往蒙古国、俄罗斯及欧洲国家的陆路国际贸易要道。

开发区所在集宁区，位于内蒙古自治区中部，辖区总面积526.5平方公里，辖一乡一镇、十个街道办事处，居住着蒙古、汉、回等17个民族，总人口近40万人，是乌兰察布市政治、经济、文化和信息中心。集宁1956年建市，1992年被国务院批准为对外开放城市，2003年撤市设区。开发区是乌兰察布市集宁区直属开发区，位于集宁区河东片区，东经130°48'，北纬40°57'，辖区总面积166平方公里，总规划面积80平方公里。

开发区按照自治区关于沿黄沿线经济带产业发展规划要求和全市

霸王河生态公园

工业经济发展战略，以打造晋冀蒙长城"金三角"、深度融入京津冀一体化为战略目标，坚持高起点规划，科学合理布局，科学编制了开发区产业发展规划，进一步明确了产业发展定位：搭载京津冀一体化的"高速列车"，立足交通、能源优势，保障京津冀、服务京津冀、得益于京津冀，努力成为"京津冀"经济圈和"乌大张"经济合作区中高效、高端、高吸纳的产业集聚示范区，成为呼包鄂经济圈产业延伸的桥头堡。开发区提出壮大重点产业、培育新兴产业、延伸产业链，形成产业组团的产业发展规划，重点培育发展装备制造、煤化工、硅化工、氟化工、风光电储、新能源新材料、生物制药、商贸物流、皮革制品、木材加工、农畜产品深加工等产业，不断拉伸产业链条，努力形成产业集群，打造乌兰察布市新的经济增长极。

开发区形成了以内蒙古明阳、锋电能源、同盛塔筒、金瑞科技四家风电装备制造企业和中机集团农机牧机为主的装备制造业；以三信实业锂电池材料、海霸锂电池、内蒙古科源塑业为主的储能新材料产业；以京能集宁热电2×35万千瓦热电联产、三信实业50兆瓦太阳能为主的新能源产业；以双汇集团、雪原乳业、内蒙古绿苑科创等7家为主的农畜产品深加工产业；以海立电子、苏通电子为主的电子产业；以福瑞医药为主的制药健康产业；

以新奥煤化工、佳辉硅化工、托福氟化工为主的精细化工产业；以中旭机械为主的制造业；以中奥诺金、聚祥陶瓷纤维为主的新型建材产业；以翊尔派、湫思德等8家为主的皮革加工产业；以华为云计算为主的高新技术产业等工业发展格局。呈现出产业档次高、产能规模大、产品结构优的良好发展态势。

开发区在原有基础上又进行了规划：一是打造好中关村科技产业园。规划5平方公里的中关村科技产业园，积极与北京中关村对接，借鉴其他地区的先进经验，在人才、政策、融资、税收、审批等方面给

凤凰楼远眺

予优惠，以华为云计算为重点，拓展上下游产业和配套产业，吸引高新技术企业入驻，形成高新科技产业基地。二是打造好商贸综合体。规划4平方公里的商贸物流区，先行启动45万平方米的商贸综合体。以木材产业、商城经济、物流项目

为重点,以第三产业带动第二产业的繁荣发展,吸引企业总部入驻,促使产业集聚。三是打造好中小企

华为云计算中心

业孵化园。规划3平方公里的中小企业孵化园,帮助入驻企业做大做强,形成具有地域特色的产业基地。四是打造好工业发展区。规划4平方公里的工业发展区,做好所有基础设施和相关配套工作,建立标准化厂房及独立办公区,吸引企业直接投资入驻。在该区域试验成功后,加以推广和扩建,形成规模化、规范化的示范基地和地区品牌工程。五是打造好保税区。以仓储、物流、出口加工及国际贸易等,为企业提供一切便利。

开发区是本地区发展大工业、培育大企业、构筑大产业的发展载体,是集产、学、研、商贸、仓储、金融保险、信息咨询等于一体的多功能、综合型、现代化的新型开发区。

已具备承载各类大中小项目建设的能力,发展潜力巨大,投资前景广阔。开发区服务健全,办事便捷,基础实施配套完善,生活区功能齐全,土地出让价格低廉,劳动力资源充足。集宁区是开拓中国市场最佳城市,市场辐射华北、西北及俄蒙欧,是承接产业转移首选地区。

近年来,集宁区始终坚持创新发展战略,依托良好的区位交通、电力、光缆通道等优势,抓住京津冀协同发展和云计算产业快速崛起的历史机遇,将云计算及其相关产业作为全市大力引进和重点支持的战略性发展产业,并在察哈尔经济技术开发区规划了占地面积13平方公里的信息产业园,着力将以云计算为引领的信息产业培育成乌兰察布市的支柱产业之一。

秀美山川

HUASHUONEIMENGGUjiningqu

秀 美 山 川

XIUMEISHANCHUAN

阴山绿岛，天然氧吧。绿色之韵，红色之魂。在这崇尚自然、呵护生态的山城，青松碧水相依环绕，公园广场星罗棋布，大型游乐场点缀其间。不出城市而获山水之乐，身居闹市可寻草原之美。

老虎山纪念碑

老虎山生态公园

老虎山生态公园位于集宁新旧城区的结合部，海拔 1447.5 米，公园面积 31 万平方米，是集休闲、娱乐、健身、旅游观光于一体的开放式综合性公园。由于城市环山而踞，成为特有的"城中山"。2005 年，老虎山生态公园被国家评为 AA 级旅游景区。同时，因集宁战役指挥部遗址坐落其中，使老虎山生态公园成为集宁地区重要的爱国主义教育基地。

老虎山生态公园始建于 1967 年，是集宁地区建设最早的公园之一。1983 年，老虎山生态公园正式挂匾，景观逐年得到完善。随着城

老虎山公园瀑布

市化大发展以及人民群众生活水平的不断提高，为了适应新的发展需求，2005年以来，集宁区委、政府以迎接自治区成立60周年和全市两个文明建设现场会、创建卫生城市等重要活动为契机，把老虎山生态公园提升改造工程做为一项较大规模的基础设施和生态建设工程进行了重新规划设计，力求将其建成自然景观和人文景观于一体的综合性开放式公园。

2011年，市区两级党委、政府将老虎山生态公园景观改造工程正式列入全区重点建设工程，按照公园功能需求，重点进行公园的景观提升改造。建设内容包括：5.5公里园路的改建，维修纪念碑广场，绿化栽植各类树木16万株，新增公园

东、南两个主入口，完善西、北两个入口，增设照明、灌溉系统、服务设施、标识牌等基础设施。

新的老虎山公园总体共设九个区，它们分别是：大门瀑布区、纪念碑区、植物园区、虎石区、虎山游乐区、赵家大院、老潭区、冯将军林和老城遗址。大门瀑布区为大型山石瀑布景观，水从20米高处倾泻而下，形成瀑布。纪念碑广场为林荫广场，栽有樟子松、油松等。植物园区设7处景观，分别布置在纪念碑周围：虎山春色、百花争艳、虎山秋色、冬雪松林及桃花园、香花园、相思园，以四季之景寄托后人对先烈的怀念和崇敬。老虎石周围增加塑石配景，老虎洞重新改造恢复原貌，并在洞前设有集宁战役

纪念馆及雕塑广场。在老虎山南边的空地上，建有一处大院，名为赵家大院，在院的入口处设碑，记载赵家大院、集宁建城等历史变迁。与赵家大院相邻的是虎山游乐园，它位于虎山公园的西南大门，附近就是居住区，便于附近居民就近游玩，同时又与赵家大院形成餐饮、游乐一条龙旅游体系。在与老虎山南边相对的小山上，有龙潭，龙潭内设有龙喷水雕塑喷泉，龙潭内的水以溪流的形式由南向北，顺坡就势穿过赵家大院流入植物园区附近又一潭内，滋润着虎山的四季景观。

老虎山有一个传说：据说很久以前山上有一岩洞，洞里住着一只斑斓猛虎，时常北上灰腾梁，南下黄旗海，争雄逞霸，它来去飞沙走石，雾土连天，搅得当地百姓不得安宁。不知何年何月，山下来了一位和尚，他恐邪魔作祟，危害众生灵，于是就在山坡猛虎经常出没的地方立了一块石碑，上面刻着："泰山石敢当"五个大字，以做避邪之用。这石敢当本是古代的一位战将，生前打遍天下无敌手，死后被玉帝封为泰山之神，专管人间善恶祸福、飞禽走兽等，所以凡是邪魔都回避他。自立了那石碑后，再也不见那只斑斓猛虎，只是山的西北侧出现了一块貌似虎形的大石头。传说是那只猛虎所变，故后人称之为"老虎山"。

白泉山主题公园

白泉山公园位于集宁新旧区交汇处，占地面积6.5平方公里，是集休闲、健身、娱乐、旅游、文化于一体的综合性大型公园。

公园规划设计以"英雄察哈尔、魅力白泉山"为主题，坚持生态优先、因地制宜的原则。全园分为主入口区、生态森林区、水景风情区、文化休闲区、活力运动区五个景观功能区。整个工程预计投入建设资金15.05亿元，其中：一期工程投入资金9.85亿元，二期工程计划投入资金5.2亿元。公园建设内容包括：东、西、南、北四个出入口建设，园路系统、绿化和灌溉系统建设，水体、硬化和铺装场地以及雕塑、防火观光塔、瞭望塔、凉亭、广场、照明、服务设施建设等工程。

工程采取招投标方式进行建设，白泉山公园一期建设工程绿化完成绿化面积500公顷，栽植常绿树17.7万株，落叶乔木24.3万株，灌木18.8万穴，灌木篱带1.7万平方米，地被26.5万平方米。基础建设完成面积8000平方米的南入口景观功能区建设，包括文化墙、木栈道、大理石广场、木平台、雨花石园路、停车场、大草坪、花坛、水体景观等。同时，完成东入口瀑布区建设，27.5

白泉山生态公园

公里的园路建设（包括一级园路 3.8 公里，二级园路 11.7 公里，三级园路 12 公里）以及 6 个广场和灌溉系统的建设。

白泉山公园二期工程建设内容包括：绿化、基础设施、服务设施三部分。绿化工程重点以"三边""两线""四出入口和 18 个景点"建设。"三边"即城区接合边、园路边、景点边，"二线"即沟谷沿线、国道沿线的绿化。公园按照规划设计精雕细刻，进一步补充提高绿化景观效果。坚持民族、地域特色与现代气息相融合，融入更多的文化元素，高标准、高水平建设好这座城中绿岛。栽植常绿乔木 3.2 万株，落叶乔木 8.4 万株，小乔木及灌木 23.8 万株，地被 5 万平方米。基础设施建设包括儿

童公园、游乐园、碉堡园、茶院和 4 个休闲广场的"三园一院四广场"场地建设，以东入口湖、旱溪源头湖、儿童公园水池、南入口喷泉、林间小溪区为主要建设内容的水体建设，12.8 公里园路建设，综合防火景观瞭望塔、观光阁楼、车行桥及金雕亭、云亭、鹰影亭、承递之帐、湖光亭、幽亭、登高亭、望山亭等 18 个凉亭以及照明、标识、雕塑、建筑小品等园林设施建设。服务设施建设完成管理、餐饮、卫生等各类服务功能型建筑。与此同时，做好补植、

白泉山生态公园

养护及完工后的场地整理工程。截至目前，已完成挖坑133.4万穴，栽植常绿树44.4万株，落叶乔木8.65万株，花灌木64.3万丛，地被植物157.5万株，绿化工程已全部完成，其他工程正在紧张施工中。

白泉山公园的建成对于改善乌兰察布市中心城区生态环境，提升城市品位，增加城市文化内涵，丰富市民文化生活，拓展城市发展空间，促进地区经济发展具有十分重要的意义。届时，白泉山公园将有十大景区、十八个主要景点呈现在游人面前，成为集宁区真正的城中"绿岛"和观光旅游景区，为集宁的腾飞插上绿色的翅膀。

卧龙山生态公园

卧龙山是集宁周边最大的一座主体山脉，也是集宁区西部生态屏障，面积15平方公里，卧龙山生态公园工程从2010年开始建设，通过填沟造山、凿石覆土，共栽植常绿树80万株，落叶乔木30万株，灌木335万株(丛)，埋深沟大坑16处，修筑大中小型土石谷坊595座，工程作业路42公里，修建1000立方米高位蓄水池1座，200立方米高位蓄水池2座。110国道将卧龙山分为南北两山，南卧龙山以前是集宁区采石场，工程实施时利用铁路隧道弃土800万方填沟覆土，实施了水保造林工程；北卧龙山为市区两级机关干部义务植树基地，采取"统一规划、统一挖坑、统一提供苗木，单位包栽植、包成活、包抚育"的机制，成为干部参加劳动、转变作风的基地。治理后的卧龙山，石山变土山，土山变绿山，绿山变景观，

卧龙山生态公园

荒山一去不复返。各类地质灾害得到有效遏制，生态环境有了极大改善，社会效益、生态效益十分显著，水土保持与环境保护实现双赢，也成为市民休闲娱乐郊游的好场所。

霸王河生态公园

在市、区两级党委、政府的正确领导下，在参建各方的通力协作下，通过近一年的努力，如今，霸王河以全新的面貌展现在集宁人民的面前。霸王河水库碧波荡漾、水趣盎然，两岸绿树如茵、柳绿花红，滨河路依山傍水、蜿蜒起伏，两岸

的重要内容。工程的实施以树立集宁城市新坐标、打造乌兰察布市城市中心景观带——魅力霸王河为主线，以改善集宁城市生态和人居环境、提升城市品位为目标，促进集宁经济社会又好又快发展。

绿化是城市中唯一有生命的基础设施，是提高城市品位、改善城市环境的重要内容。为全力改善霸王河两岸生态环境，霸王河河道两岸常水位线以上都进行了植被绿化建设。绿化工程自去年九月开工建设以来，克服了地形地质、气候等

霸王河生态公园

景观风景秀丽、美不胜收，是人们休闲娱乐、踏青赏景的好去处。

霸王河综合治理工程是乌兰察布市、集宁区两级重点公益项目，也是集宁城市规划建设、生态建设

不利条件的限制，在适地适树的前提下，依靠科技造林，采取各种先进技术措施促进植被成活，目前霸王河两岸绿树婆娑、芳草如茵，已完成常绿树种植437369株，落叶乔

河畔新居

木 55170 株，灌木种植 5219775 株，成活率都在 95% 以上。

河道整治工程是霸王河综合治理工程的重要组成部分，主要包括主河槽整治、护岸、拦河建筑物等。目前霸王河中游段水库库区整理已完成，清理面积约 107 万平方米，大坝前水面已是水天一色、波光粼粼；水库大坝至 110 国道段全部进行防渗土工布及格宾网铺设，土工布已铺设约 50 万平方米，反滤土工布约 10 万平方米，铺设格宾网护岸 10 万平方米，目前格宾网铺设已接近尾声，远远望去，河岸平坦开阔、蔚为壮观。霸王河水库自 2009 年 8 月开工建设，目前水库大坝已具备蓄水条件，大坝护坡、坝路一体建设已完工，大坝下游钢坝闸及橡胶坝基础施工已完成。

广场是城市百姓休闲娱乐、举行各项活动的公共场所，同时广场也是城市文化内涵和景观特色的集中体现。霸王河综合治理工程的广场打造主要是以集宁悠久的历史文化为依托，以体现当地特色为主线，以实现城市中心人文景观为目标，努力将霸王河建设成功能齐全、规模庞大的城市中心景观带。根据实际情况，霸王河两岸规划建设的广场及节点共为 14 个，其中包括城市道路两边的市民广场、岩雕广场，体现山城特色的地质广场、岩石广场，体现霸王河景观五色哈达的吉

霸王河瀑布

霸王河一角

祥之结广场，反映乡村特色的村庄记忆及村庄故事节点，依山傍水临岸而建的亲水平台、折桥广场以及在原鱼塘基础上进行改扩建的垂钓广场等等，各广场及节点内容丰富、功能齐全，目前已有11个广场开始施工，完成总工程量的80％。霸王河综合治理工程的广场建设将是集宁城市建设前所未有的大手笔，也是未来城市中心建设的典范，是集宁城市人民休闲娱乐的主要场所。

霸王河综合治理工程的建成，必将促进集宁经济社会、生态建设的全面协调发展，改善集宁人居生态环境，提升城市品位。

霸王河生态旅游区：霸王河综合治理工程是中心城区打造的"三山两河三园"中的一河，是一个集

工业供水保障、农业绿化灌溉、城市水系景观为一体的综合性工程。工程结合城市总体规划，依托河道两岸地形、地貌特征，对霸王河流经集宁区段的22公里进行综合治理。

功能定位分别是：上游段7公里为生态观光体验区，中游段7公里为城市人文景观区，下游段8公里为生态湿地恢复区。工程自2010年9月开工建设以来，目前已初步形成了沿河22平方公里独特的城市水体景观带，对缓解中心城区水资源短缺压力，改善生态环境，提升城市品位都发挥着重要作用。2012年被自治区旅游局评为AAA级旅游景区。

泉玉岭河景观

泉玉岭河

泉玉岭河位于集宁东侧，中心城区与察哈尔经济技术开发区之间，上游起于尼旦河与张五沟交汇处，下游汇入察右前旗黄旗海水系，集宁区境内全长30公里。

泉玉岭河作为"三山两河"五大生态工程之一，工程设计主要依托现有水域资源，突出亲水生态、回归自然特色，将泉玉岭河打造成为集休闲、生态、娱乐、度假为一体的城郊旅游胜地。目前，已建成尼旦河和泉玉岭两座水库，河道整治即将全面启动。

泉玉岭河全长137.3公里，流域面积2002平方公里，有两条支流。泉玉岭水库位于集宁区白海子镇翟家村东侧，正常库容1950万立方米，集雨面积1178平方公里，海拔1354.43米。水库及周边湿地特色鲜明，是集宁区宝贵的旅游资源，也是未经开发的处女地。

红海子体育公园

红海子体育公园是由北京房开控股集团投资建设的，该项目位于集宁区白海子镇红海子村，总投资10.76亿元，于2012年6月14日开工建设，2016年竣工。

红海子体育公园公益项目总占地面积约153万平方米（2311亩），其中建筑面积33192平方米。共分三个区域，分别是以接待、会议、餐饮、体育场馆等为主的服务区，以市民广场、室外球类场地、健身器材广场、儿童活动中心等为主的休闲区，以综合体育场馆、康体休闲、

红海子体育公园

体育运动等为主的休闲区。

该项目的实施，有助于推动乌兰察布地区体育休闲产业的发展，从而带动集宁区旅游业、商业、制造业、交通运输、饮食服务、金融、保险、文化卫生等产业的发展，改善当地的产业结构。

美丽集宁谱写生态建设新篇章

乌兰察布十年九旱，自然条件较差，"地下无宝，地上无草"曾是这座城市的真实写照。为了使绿色成为城市的主基调，作为中心城区的集宁区充分利用得天独厚的"三山两河"自然地貌，大力实施绿化工程，狠抓生态建设，彻底改善了城市生态环境，提升城市整体形象。

青山环城、碧水绕城、绿树融城，曾是人们对美好城市生活的愿景。

如今的集宁，这样美丽的景致触手可及。在中心城区，园林绿化铺展开鸟语花香、绿染山城的美丽画卷。驻足大气秀美的塞外山城，仿佛置身于江南胜景，浓浓绿意信手拈来，园林美景触手可及，到处是绿的世界，花的海洋，"中国薯都""草原皮都""风电之都""中国草原避暑之都"等种种美誉已然名副其实。集宁这座极具时代魅力的城市正在市、区两级党委、政府的领导下，牢固树立生态立市的发展战略，向着创建国家生态园林城市、国家森林城市的目标奋勇前进。近年来，集宁区委、区政府始终坚持市委、市政府提出的"生态立市"发展战略，将生态建设放在优先发展的突出地位，以"三山两河"生态建设为重点，结合"五城联创"惠民工程，大力推进重点区域绿化，生态建设取得了显著成效，城市绿化水平已位居自治区前列。2010年集宁区荣获全国绿化委员会授予的"全国绿化模范县"荣誉称号。2012年集宁区被评为"自治区园林城市"。2013年，集宁区政府被自治区政府评为全区重点区域绿化建设先进单位；2014年"三山两河"绿化工程获自治区"人居环境范例奖"，老虎山生态公园被评为自治区重点公园。2015年，集宁区成功创建国家园林城市，被誉为"建在玄武岩上的园林城"。现在正在向创建国家生态园林城市、国家森林城市的宏伟目标迈进。

实施国家重点工程
荒山荒坡变绿洲

京津风沙源治理工程和退耕还林工程全面实施以来，经过十多年的不懈努力，现已完成建设面积10.188万亩，其中：退耕还林3.783万亩，荒山造林6.305万亩，封山育林0.1万亩，累计投入资金13642.259万元。截至目前，全区已有林地总面积达到19460.4公顷，其中：林地面积6799.5公顷，疏林地面积9.1公顷，灌木林地面积5999.6公顷，未成林造林地面积413.5公顷，苗圃地面积15.4公顷，宜林地面积6148.2公顷。活立木总蓄积量达到106610立方米。森林覆盖率达到24.3%，较"十一五"末的14.96%提高9.34个百分点。林分质量有明显提高，常绿及乔木比重增加，景观效果明显，造林绿化水平、绿化档次有了明显提高。

霸王河景观

青山脚下生态城

贯彻"生态立市"战略
城镇绿化布新局

集宁区委、区政府将改善生态环境作为最大的民生工程来抓，认真贯彻落实"生态立市"的发展战略，提出了建设宜居宜业宜游的现代化区域城市的奋斗目标。为早日实现这一宏伟目标，集宁区充分利用白泉山、老虎山、卧龙山、霸王河、泉玉岭河这"三山两河"得天独厚的自然地貌，做好"山""水"、"绿"三篇文章，全面打造"显山、露水、透绿、增景"的城市生态景观，城市面貌发生了翻天覆地的变化。

昔日的白泉山是一个乱石满山，沟壑纵横，水土流失严重，土壤极为贫瘠的荒山。2010年以来，市、区两级党委、政府决定，对白泉山进行整体规划建设。经过三年的不懈努力，绿化栽植各类苗木935万株（丛），新建园路68公里、广场18个以及包括"一楼一阁一牌坊"共14个重点景点，实现了春夏有花，秋季有果，四季常绿的美丽景观。坐落于其中的凤凰楼、望城阁成为这座城市新的标志性建筑，每到夜晚，流光溢彩，绚烂多姿。如今的白泉山已成为集休闲、娱乐、健身于一体的大型生态公园，成为城中"绿岛""天然氧吧"。

集宁区打造以"三山两河"景观建设为重点的生态工程远不止白泉山这一处，以改善生态环境的精品工程不断涌现。霸王河是集宁的"母亲河"，为了装扮好这条"母亲河"，启动于2010年的霸王河生态景观工程，现已形成了长22公里，宽约1公里的水域绿化景观带，一度是臭水沟、乱石滩的霸王河及两岸，如今已是波光粼粼，碧波荡漾，

鸟语花香的另一番景致，2012年被评为国家AAA级旅游景区。

经过一番修缮提升，作为集宁地区主要景观的老虎山生态公园愈加丰腴，铺展的绿色与白泉山公园紧密相连，浑然一体。人民英雄纪念碑、集宁战役纪念馆、乌兰察布市博物馆坐落其中，新建的革命红色园，弘扬着虎山精神，传承着红色记忆，成为重要的爱国主义教育基地。

坐落城市西边的卧龙山与白泉山、老虎山遥遥相望，是集宁区三大山体之一，为了绿化山体，提高苗木成活率，在建设过程中采取覆土方式，增加土层厚度，满足苗木生长的要求，经过林业工作者的辛勤劳动，卧龙山现已石山变土山，土山变绿山，绿山变景观，荒山一去不复返。并且成为集宁区城

市西部重要生态屏障，并成为广大市民陶冶情操，进行户外运动的郊野公园。

要说集宁的河就不能不提到泉玉岭河，她流淌于城市北部、东部，宛如一条银色的锦带环绕着城区，是集宁重要的水源地之一。现有100多种草本植物在这里"安家"，泉玉岭的鱼更是远近闻名。为了保护好这一水源，集宁区进行围湖植绿，依托现有水域，打造水体景观，已建有水库两座。每逢假日，游客纷至沓来，在欣赏美景的同时，享受着农家菜肴，泉玉岭河已成为休闲度假的胜地，下一步集宁区将着重对河道进行全面治理，最终要将其建成集宁区湿地公园。

"三山两河"的改造为集宁区搭建了一个绿色框架，公园、广场、绿地、道路点缀其间。为了满足广

绿树成荫的霸王河

大市民对休闲、娱乐、健身的需求，"十二五"期间，集宁区累计投入资金100多亿元，完成绿化项目150多项。新建公园18个，包括白泉山生态公园、老虎山生态公园、卧龙山生态公园、霸王河生态公园、植物园、察哈尔公园、时代公园、文化公园等大型公园。完成51条景观大道的绿化，包括察哈尔大街、杜尔伯特大街、满达街、工农路、怀远路、滨河东西路等重点道路绿化。完成广场景观绿化10个，包括迎宾广场、沙河社区广场、通州路广场等大型广场。街头绿地完成81处，包括车站广场绿地、月亮岛绿地、八中门前大型绿地、碧海小区绿地、方正康城绿地等大型绿地。完成110高速集宁段、208高速集宁段、110高速南出口、北出口、208支线等通道的绿化。对东、西、南、北四个出入口景观进行提升改造以及北出口立交桥、南入口立交桥、马青地立交桥、工农路立交桥、西出口立交桥及纵二路与110国道交界处立交等六座立交桥进行了绿化景观打造。

截至2015年底，集宁区建成区面积60平方公里，城市绿化覆盖面积达到2382.2公顷，与"十一五"相比，增加838.72公顷，城市绿地面积2194.2公顷，与"十一五"相比，增加823.49公顷；城市绿化覆盖率达到39.72%，与"十一五"相比，提高1.82个百分点；绿地率达36.57%，与"十一五"相比，提高2.93个百分点。人均公园绿地面积达到

28.6 平方米。

如今，在集宁区"植绿、护绿、爱绿"的意识已深入人心，义务植树活动蓬勃开展，机关、企事业单位、学校、厂矿、社区积极投身庭院绿化，不断涌现出绿化示范学校、绿化示范单位、绿化示范小区。义务植树基地面积逐年扩展，现已拥有大型义务植树基地三处。军民义务植树基地、卧龙山机关义务植树基地、如意湖机关义务植树基地，已完成绿化面积5.7万亩，投入资金近4亿元，栽植各类苗木260多万株（丛）。义务植树基地建设思路已由单纯的挖坑栽树向植树、管护、认建、认养等全过程、多模式转变，由零散组织向基地化、规模化转变。从拓宽形式、就近便捷、突出效益为宗旨，如沿街商店、宾馆、饭店等采取摆放花卉多种形式履行植树义务。建设方式多样，主要采取以资代劳形式、社会组织参与绿化的方式、地方与北京军区共建的方式、机关义务植树与军民义务植树相融合的方式、义务植树基地与国家重点工程相结合的方式等等。建设模式进一步创新。军民义务植树基地按照"军民融合、科技支撑、逐年推进、滚动发展"的思路，采取"部队挖坑整地、地方植树管护"的模式，栽植养护面向全社会公开招标，实行工程监理制。机关义务植树基地建设采取由市、区两级林业部门统一进行规划、统一标准挖坑、统一提供苗木；由市区两级机关干部包绿化栽植、包苗木成活、包后期抚育的"三统三包"模式。

在绿化布局上，新区绿化坚持

卧龙山生态公园

白泉山公园

高起点规划，高标准设计，高质量实施，老城区绿化上坚持"两增两减"的原则，即增加广场绿地，增加公共服务功能；减少高楼建筑群，减少商业综合体，本着只拆不建，用于绿化的原则，腾出大量土地用于公园建设、绿地建设、广场建设，给绿化工程用地给予支持。另外，还采取见缝插绿、立体植绿、填沟造绿、覆土增绿等方式，不断扩大绿地面积，集宁区的生态环境得到明显改善。

在规划设计上，引入先进设计理念，将造林绿化与景观效果、民族文化有机地结合起来，增加了文化内涵，提高绿化工程的设计水平。此外，还建立重点绿化工程规划方案专家论证制度，邀请高资质设计

院所设计，专家组对备选方案进行充分论证，优中选优，为绿化工程的建设创造了条件。区委、区政府主要领导都听取了每个绿化工程设计方案，提出改进意见。高质量、高水平地编制完成了《乌兰察布市中心城区城市绿地系统规划》，对中心城区绿化进行了全面地规划，真正做到了生态建设，规划先行。

在资金投入上，始终坚持经营城市的理念，千方百计拓宽投融资渠道，不断加大城市绿化投入力度。为了满足绿化建设对资金的需求，市、区两级党委、政府改变了以往只依靠政府投入这一单一的投入方式，采取捆绑资金、绿化企业垫付部分资金、土地置换、引入社会闲散资金、联合共建、PPP融资等新方

式将筹措的120多亿元全部投入生态建设。

在科技利用上，始终依靠先进科学技术，成功引种驯化新品种150多个，其中许多为节水耐旱型植物。同时，推广使用生根粉、保水剂、营养液灌根、树盘覆膜、容器苗造林等一系列抗旱新技术，加强养护管护，提高苗木成活率。

在机制创新上，全面推行招投标机制和监理制度，重点绿化工程从规划设计到施工、监理都全部实行招投标制度，由具有资质的监理公司进行施工全过程的监理。推行工程例会制度，实行工程进度日报告制度和奖惩制度。建立了工程档案管理制度。严格执行工程验收制度，成立由纪检、财政、审计、林业、监理、设计等单位组成的验收组，实地进行检查验收，验收结束后，出具验收报告。对于新建的小区，在施工前缴纳绿化保证金，竣工时要由绿化部门按照要求进行绿化工程验收，没有达到绿化面积标准的不得交付使用。与此同时，建立完善资金管理等各项制度，工程款项的支付实行审算制度。由林业部门、财政部门、纪检部门抽组人员对造林苗木、绿化材料进行询价，作为审算的依据，由审算部门进行审算，结果将作为工程款支付的重要依据。

严格苗木检验检疫制度，没有两证一签的苗木不得用于造林。

数据证明，大规模的城市园林绿化，有效改善了区域环境质量，市区年空气污染指数小于或等于100的天数达到360天，区域环境噪声平均值51分贝，热岛效应强度0.4℃，目前，完善的生态体系已经形成。

牢固树立"五大"发展理念
生态建设续新篇

2016年，牢固树立在巩固已有绿化的基础上，坚持创新、协调、绿色、开放、共享的发展理念，深入实施"三篇文章""五城联创"战略，在完成好国家重点生态建设工程的同时，推进重点区域绿化建设，加大森林资源保护力度，推进重点区域绿化建设，加大森林资源保护力度，不断提高城市绿化水平，提升城市品味和档次，为创建国家生态园林城市和国家森林城市奠定基础。

国家重点生态建设工程完成沙源治理工程人工造林任务1万亩，投入资金650万元。完成村村通9万亩。2016年新建公园一处，道路绿化27条，大型绿地一处，军民义务植树四期绿化顺利实施，白泉山东入口拆迁区绿化等续建工程如期完工，养护管护、入口拆迁区绿化等续建工程如期完工，养护管护、森林资源保护等项工作取得实效，

资源保护等项工作取得实效，生态建设将再谱新篇章。

附1 秋雨山城

晚秋，塞外的山城颇得细雨欢心，绵绵细雨与晚秋缱绻难舍，像热恋中的青年男女卿卿我我。短短的两个星期，细雨几度光顾这个收获的季节，丝毫没有退去的意思，让人心里不免生有几分嫉妒。踏着晚秋的霞光，沐浴着秋雨的洗礼，顺道走过集宁的名山——老虎山，抑或是兴趣所致，抑或是想借虎山之高，窥秋雨山城之貌，不知不觉竟沿着台阶，拾级而上，信步来到了虎山之巅。

古人云："山不在高，有仙则名，水不在深，有龙则灵。"老虎山也有着不一般的由来、经历与传奇。老虎山西望卧龙山，北饮霸王河，是缘于此山西北怪石林立，奇特峥嵘，雄踞如虎，威严壮丽而得名。

巍巍虎山，虎山巍巍，它虽没有五岳的高度与知名度，但在集宁人民的心中，绝对有着不亚于对五岳的尊崇与热爱。它位于集宁区中心地带，海拔1447.5米左右，是集宁区域内的制高点，是具有深厚的人文积淀的、赏心悦目的园林风景，现已成为集宁区一处著名的风景区。它宛如一位威武的勇士终年守护着这座山城，见证着这座山城的历史沧桑、日新月异。

翻开历史尘封记忆，追述山城风云岁月。老虎山，历来是兵家必争之地。解放战争时期，这里曾燃起了一场又一场的战火硝烟。从

时代公园

1946年1月至1948年9月，在不到三年的时间里，这里就发生了三次战役，即1946年1月的包围集宁战役，1946年9月的大同集宁战役和1948年的9月27日解放集宁战役。

历次战斗中，老虎山这处制高点都是争夺最激烈的地方，也是烈士们为之流血奋战的地方，至今老虎山顶还保留着当时修筑的战壕坑道和战役指挥洞，并因此修建了革命烈士纪念碑、英雄铜像等纪念物。在虎山之巅，一大批叱咤风云的人物，或指挥于帷幄之中，或决战于城垣之下。站在茫茫的细雨中，追忆烽火岁月，这座坚硬的石山上曾留下多少革命英雄的足迹！这些背景、景物渐渐地凝聚成一种哀思，一种敬仰，一种精神，它巍峨地耸立在老虎山之顶岿然不动，牢牢地扎根于山城人民的心中。

也许是下雨的缘故吧！山上一改往日的热闹，异常冷清，摆游戏套圈的、招揽照相的、米上刻字的、卖石头项链的消失得无影无踪，脚下的大理石在雨水的冲刷下，是那样的一尘不染，黑中有白，白里映黑，甚至还散发出些许微弱的石头味道。

在集宁工作不知不觉已经三年有余，也曾几度登临老虎山，观望过这座塞外山城，但那仅仅是浮光掠影而已，别无太多的感想。今天，

在细雨霏霏中，站在山城的制高点，许是触景生情，心头突然浮现出了李健吾先生写的《雨中登泰山》一文，泰山虽美，但是在先生笔下更是那样的令人痴迷，楚楚动人，那样的朦胧，那样的富有诗意。也正是因为先生的这篇文章，我认识了泰山。可惜到现在也没身临其境去感受一下泰山的宏伟壮丽，不能不说是人生一大憾事。

站在虎山之巅，整个山城尽收眼底，有一种"会当凌绝顶，一览众山小"的豪迈感觉，不！确切地说，应该是"一览城市小"的豪迈感觉。雨中的山城披了一层灰蒙蒙的氤氲，有一种《蒙娜丽莎》的朦胧之美。细望山城，可以分为三部分，虎山西面是老桥西，集宁发祥地之一，在二十世纪四五十年代，是集宁的中心区域，是集宁过去的政治文化中心。抬眼望去，当时集宁的制高点桥西面粉公司、南站水塔依然矗立在风雨中，现已是内蒙古革命历史遗址之一，同那些逝去的烈士一样守卫着老桥西。低矮的平房诉说着曾经的故事，炊烟在细雨中袅袅升起，伴随着轻微的秋风，消失在茫茫的雨雾中。平房不远处，一座座楼房拔地而起，是那么醒目。记得一位居住在桥西的老人这样说："桥西是集宁的过去，桥东是集宁

老虎山公园

的现在，新区是集宁的未来。"话语中透出一种无奈与失落，仔细思量，不无几分道理。现在的桥西已经完全没有了往日的风光，一座曾经辉煌的城区终究经不起历史车轮的碾轧，当年的繁华虽已消失在了历史尘埃中，但老桥西却成了集宁的根。

民之所幸在于国之所强，国之所强在于为民谋利，环顾桥西，我想，桥西平房林立、棚户连片的局面在不久的将来一定能有所改变，那些逝去的英雄的夙愿定会在这里实现。

顺着老虎山直眼望去是桥东，光明街直穿而过，把桥东一分为二，一眼望不到边。桥东明显比桥西繁华热闹了不少，马路上来来回回的车辆川流不息，"嘀嘀"的喇叭声此起彼伏；路上行人络绎不绝，没有因为雨天而减少，有的撑着雨伞，有的在雨中闲庭信步。一栋栋楼房傲然挺立在雨中，看起来是那样的和谐自然；偶然有几间平房出现在楼群中，也无人居住，用醒目的数字标示着即将拆迁。迎街两侧的商铺挨靠得紧紧实实，富丽堂皇、光彩照人，年轻的情侣手挽手、肩并肩不时出没在各种店铺之间。五颜六色的广告牌在细雨的洗刷下愈发光彩照人，繁华的市区和熙熙攘攘的行人告诉我们，这是一座富有活力的现代化城市。

虎山南麓是白泉山，如果你不是生活在山城的老集宁人，很难辨认出哪座山是白泉山，哪座山是老虎山，两座山原本就你中有我，我中有你。如今，两座山在绿树的环绕下融为一体，已经成为山城绿色的"天然氧吧！"

在秋风秋雨的抚摸下，山上已没有了前几日的如茵翠绿，绿叶大部分变成了黄红色的霜叶，看上去是那样的美丽，绿里透黄，由黄变红，耀眼于整个山顶，在茫茫的雨雾中，像一片火海，透出一种无瑕的红润之美。一片片菱角分明的落叶，不时划出一道弧线飘飘扬扬落在泥土中，看上去精神十足，没有凋零的悲惨，依然充盈着旺盛的生命力，在落地的最后一刻奋力向上拼搏，企图留下最动人的风采。"落红不是无情物，化作春泥更护花"，落叶奋力向上拼搏的精神，难道不正是我们所追寻的革命烈士那种视死如归的精神吗？

白泉山中央，凤凰楼直入云端，如果不告诉你名字，你以为这是湖北的黄鹤楼，黄鹤楼自然不用我细说，享有"天下江山第一楼""天下绝景"之称。立在这里，金碧辉煌的不是"天下江山第一楼"，没有黄鹤楼的脍炙人口名句和悠久历史，但对山城的人民来说，也是我们心中的一缕珍藏。它西靠卧龙山、北依老虎山，当地的人们为了不让老虎与龙互相争斗，故在其中间建了一座高楼，

名曰凤凰楼。凤凰楼聘请南方工匠依照黄鹤楼而设计，高度也超越了"天下江山第一楼"，现已经成为山城接待贵宾来客的游览胜地。

沿着白泉山，抬眼向东、向南望去是集宁新区。蒙蒙细雨中的新区，看上去是那样悠然自得，不忙不慌，一座座拔地而起的高楼大厦整齐划一地排列开来，像一排排守卫祖国北疆的战士傲立在风雨中久久不动，神情怡然；宽阔平坦的道路一改旧区马路的狭窄拥堵，在雨水的清洗下，黝黑黝黑的沥青泛着耀眼的光芒；道路两旁的松树四季常青、多种花草相间栽植，错落有致。再放眼望去，就是霸王河，山城人民亲切地称它为母亲河，霸王河历史悠久，蒙古语称纳尔松郭勒河，从辉腾锡勒一路轻歌细语，缓缓而来，由西向东恋恋不舍地回望着这座山城，并神情荡漾融进了黄旗海。历史上，霸王河水草肥美，景色怡人，然而，不知从几何起，霸王河一带碧水绕山城的动人风光就如一颗流星，划破寂静的夜空从人们的视线中消失了。一条昔日令山城人民为之动容、骄傲的母亲河变成了一条污水常流、垃圾满河的臭水沟。

斗转星移，天道酬勤。霸王河沧桑的面貌已经成为历史，清澈透明、波光荡漾的河水在雨雾的笼罩

下，像一条银色的巨龙弯弯曲曲流向了人们的心田，以它那优美的身姿，惊艳之势赢得了市民的热烈追捧。每到节假日，市民便会带上一家老小到霸王河来饱览山水风光，呼吸新鲜空气，洗涤浮躁心灵。不出城市而获山水之乐，身居闹市可寻林泉之趣。正因为有了河流，我们的城市才没有失去令人迷恋的灵气，才能够永久焕发出那种迷人的浪漫风情。

雄关漫道真如铁，而今迈步从头越。近年来，山城的发展变化一日千里，日新月异的变化让人目不暇接。曾经是"无风满地沙，有风不见家，小风填渠路，大风埋了家，吃啥没有啥，吃啥都是沙"，现在是春夏有花，秋季有果，四季常绿，依山傍水，亭台掩映，既养眼养心，又舒心安心。

阅遍世界，真正伟大的城市，都是宜居宜游宜人的城市。走生态发展之路，打造宜人城区，是我们这座山城孜孜以求的目标。现实生活已经向我们昭示，这座山城现在已经初现绿色端倪，实现了"显山、露水、透绿"的绿色城市生态。无论是城市绿化覆盖率，还是城市绿地率都实现了历史性的飞跃，甚至还超出全国平均水平。迅速跻身"全国绿化模范县"和"自治区园林城市"

行列，"三山两河"绿化工程获得内蒙古自治区"人居环境范例奖"，乌兰察布市2012年被列入国家生态文明示范工程试点市，2016年初获得"国家园林城市"称号，目前全国文明城市、国家食品安全城市、国家卫生城市、国家环保模范城市的创建工作在有条不紊地开展，甚至有些工作已获得阶段性的肯定。这一系列殊荣地取得，无不告诉我们这座曾经黄沙漫漫的山城正在改变着原来的落后面貌，奋力地行走在前进的道路上。如今，最重要的就是勤劳的山城人民借助大好时机，继续巩固"三山两河"建设成果，以"五城联创"为契机，实现新的赶超跨越，把山城建设成独具草原风情的自然景区和生态城市代表区。

不经一番寒彻骨，怎得梅花扑鼻香？不知不觉，细雨已经停了下来，落日的余晖奋力挣脱云端的遮蔽，用它那微弱的光芒普照着整个大地。我从头到尾打量着这座美丽的家乡城市，看着眼前的景物，心里已经没有了刚登虎山时的冷清，一股暖暖细流涌上心头，汇集身心。它就像一个硬朗好客的北方汉子，在呼包鄂经济隆起带和乌大张（乌兰察布、大同、张家口）长城金三角的链接点上，身披白泉山苍翠欲滴的绿色蒙古袍，挥动霸王河银光

白泉山公园一角

闪闪的哈达，高举太阳与月亮的金杯银盏，敞开大草原宽广的胸怀，喜迎八方来客！

城市亦家，集宁之所以让人热爱，因为这里有我们的家，有亲情爱情的流淌。（穆建国）

附2　用文字将美丽乌兰察布展示给更多人
——访中国作协原副主席、著名作家蒋子龙

"与天很近，蓝天白云似乎触手可及；与地很近，一碧千里的茫茫草原与大地连成一片。"跟随作家采风团第一次来到乌兰察布采风的蒋子龙老师，对眼前的草原美景这样形容道。

蒋子龙是当代著名作家，其作品厚重大气、语言精辟、哲理性强。

短篇小说《乔厂长上任记》《一个工厂秘书的日记》及《拜年》分获1979、1980、1982年全国优秀短篇小说奖，中篇小说《开拓者》《赤橙黄绿青蓝紫》及《燕赵悲歌》分获1980、1982、1984年全国优秀中篇小说奖。

辽阔苍茫的草原、如诗如画的城市风貌、热情朴实的群众，这一切无不让蒋子龙感受到乌兰察布的独特魅力。蒋子龙说："乌兰察布是一方色彩丰富、历史丰富的土地，巍巍青山，依依岱海，承载着乌兰察布大地厚重的历史与文化，孕育出淳朴的民风与民俗。"这次采风中，四子王旗的格根塔拉草原和凉城县岱海的天然美景，给蒋子龙老师留下了深刻的印象。

他说："八月的格根塔拉草原，绿意正浓，水草丰美，她蕴含的厚重的人文积淀与淳朴的民族性格让我感受到了与天之近、与地之近的苍茫辽阔。岱海的自然与野趣，则让我感受到了很久没有接触的野趣之乐。不仅是岱海，我在乌兰察布市的多个公园也感受到了自然的野趣，尤其是白泉山生态公园，整个公园的建设都以'野'为魂、以'林'为体，以自然朴野、生态健康为主，园中往来小兔子欢快的脚步隐约可见，呼吸间满是自然的野趣味道。"

"乌兰察布不仅风景美，还是一座朴实的城市，在当今这个浮躁的时代里，朴实是一种稀缺的传统品质"，这是蒋子龙对这座城市的中肯评价。谈到朴实，蒋子龙老师讲了一个小故事：他从住所博源酒店打车去市区，由于并不知道路程的远近，下车时给了司机30元车费就打算离去，而司机说，车费只有17元，并退还了多出的钱。蒋子龙对此感触良多，"一个地区、一个城市的形象往往是从最细微处塑造起来的，一次问路的答复、一张回应的笑脸都能以小见大，看出这个地方的市民素质和城市的底蕴，你刚才问我，如何把乌兰察布草原避暑之都这个品牌更好地推广出去，其实淳朴的民风就是一座城市最好的广告。"

关于乌兰察布应如何推进文化的传承与发展，蒋子龙提出："故事是传承文化的重要载体，从古到今，每一个故事都蕴含着悠久的历

霸王河垂钓广场

生态小道

史、博大精深的文化和独特的风俗。乌兰察布市是一个产生故事的地方，我参观的每一处景点背后都有动人的历史故事，所以说写好、讲好乌兰察布故事，展示独有的风土人情就是助推乌兰察布市文化的传承和发展。"

在采访结束之时，蒋子龙一句话形容乌兰察布时用到了三个词汇：色彩丰富、有味道、值得细细品味。他表示，回到北京后要潜心写几篇散文，将这片美丽的草原用语言文字展现给更多的人。（师冰清）

附3　心驰神往的避暑草原
——访中国作协副主席、著名作家张抗抗

"像乌兰察布这样夏季平均气温只有18.8℃，清风拂面、一碧千里的草原让很多人心驰神往。"日前，著名作家张抗抗女士在我市采风时，发出这样的感慨。

张抗抗，国务院参事、中国作家协会副主席、全国政协委员、著名作家，已发表小说、散文600余万字，出版各类文学专集80余种。代表作有长篇小说《隐形伴侣》《赤彤丹朱》《情爱画廊》《作女》《张抗抗自选集》5卷等。曾获"全国优秀短篇小说奖""优秀中篇小说奖""第二届全国鲁迅文学奖""庄重文学奖"等奖项。

初见张抗抗女士，她身着一件玫红色衬衫，头发整齐的梳在耳后，笑容明媚，气质温婉。在谈到对乌兰察布的印象时，张抗抗说："乌兰察布是一座宜居、宜业、宜游的城市，带给我最大的感受就是气候凉爽，我在来时的高速公路上看到

了'中国草原避暑之都'的招牌，来到这座城市之后，切身感受到了从草原迎面吹来的丝丝缕缕清凉。在全球气候变暖，城市热岛效应加剧的背景下，全国各地的大多数城市都在夏季的高温中煎熬的时候，乌兰察布则一如既往地享受着凉爽的夏天，所以说气候资源是乌兰察布市得天独厚的竞争力。"

"乌兰察布市也是一座历史悠久、文化底蕴深厚的城市。我在乌兰察布市的博物馆深入了解了这方土地上的文化，感受到了乌兰察布悠久历史的博大精深和独特魅力。"

当记者问到乌兰察布的生态建设时，张抗抗这样答到："在参观过乌兰察布绿草如茵、繁花似锦的三山两河后，我心中突然萌发了一个想法，就是在乌兰察布怎样种活一棵树？乌兰察布市为了一年四季都有'绿'的踪影，所以在栽种树木时，不仅有好成活的杨树，还有很多松树类的树种。据我了解，为了让这些树种可以成活，工人们要小心翼翼地给这些树苗搭支架、打点滴，冬天还要为其裹上防寒外套，我深刻感受到了乌兰察布市在实施绿色工程、大力改善生态环境道路上的坚定决心。"

在谈到乌兰察布本土文学创作队伍如何提高写作水平，进一步在作品中宣传乌兰察布市时，她说："乌兰察布市的文学创作队伍很活跃，涌现出了像满都麦这样的优秀的草原文化作家。当地的文学创作者要扎根脚下的土地，立足地域特

霸王河一角

俯瞰白泉山

色，写出更多描述、记录当地历史
文化、自然风光、民风民俗的文学
作品来。同时也希望，有更多的作
家可以来到美丽的乌兰察布，体验
山水，感受人文，让更多的人了解
这个清凉美丽的草原避暑之都。"

　　在采访即将结束之时，张抗抗
说："我在去往乌兰察布市旗县的
路上看到了很多村落都在进行整治，
我听大家和我讲，这就是"美丽乡
村"，让我感到欣喜的是，村落整
治并没有破坏原始的自然村格局，
所有房屋都是就地翻修，很好地保
留了建筑传统和地域特色。传统村
落是地域文明的重要载体，每一个
自然村落的形成过程都是一种文化
的聚合过程，也是民俗的演绎过程，
保护好自然村，就是保护了当地文
化的根。"（师冰清）

名胜古迹

HUASHUONEIMENGGUjiningqu

名 胜 古 迹

MINGSHENGGUJI

战略重地，兵家必争；交通要道，商贾云集。集宁路遗址出土的文物，囊括中原七大窑系瓷器和历代钱币，被列入"2003年中国考古十大发现"之一。金戈铁马，三战集宁，壮烈史实曾被毛泽东主席多次重笔提及！

元代集宁路古城遗址

　　元代集宁路古城遗址，位于内蒙古乌兰察布市察哈尔右翼前旗巴音塔拉乡土城子村，北邻110国道，南靠黄旗海，西距乌兰察布市集宁区25公里。古城建于金章宗明昌三年（公元1192年），原属金代集宁县管辖，为西京路大同府抚州属邑，是蒙古草原与河北、山西等地进行商贸交易的市场。元代初年，属中书省管辖，下辖集宁一县。

历史及规模

　　元代集宁路古城城内曾有皇庆元年（公元1312年）所立"集宁文宣王庙学碑"。1988年6月，被内蒙古自治区人民政府列为第二批自

古城遗址

治区级重点文物保护单位。古城平面呈长方形，南北长 940 米，东西宽 640 米。

古城东、北墙保存较好，宽 5—6 米，残高 0.5—2.5 米。西、南墙破坏严重。东、西墙各设一门：东门位于东城墙北段，外置方形瓮城；西门设在西城墙中段，外置马蹄形瓮城。南门情况不详。城内道路六纵七横，将古城分为三十一个单元，北部正中有一个大型的建筑台基，台基南部为市肆遗址，城外西侧有一条南北向的道路直通西门瓮城。城内地层堆积东浅西深，文化层厚 1.5—5 米；遗迹丰富，有大量的房址、灰坑（窖穴）、水井、道路、墓葬、瓮棺葬、窑、窖藏等，遗迹间叠压打破关系较为复杂。古城内现辟为

耕地，地表散见大量的陶瓷片、石柱础、石臼及砖瓦等建筑构件残块。

毁城之谜

元代集宁路古城面积大致为 1 平方公里左右，最早建于金代，后被元朝所利用，当时这里是金代同漠北进行贸易往来的重要地区。2004 年，集宁路古城的考古挖掘工作已经进入第三个年头，在前面的工作中，考古队挖到了不计其数的尸骨、铜钱和瓷器。这个曾经是贸易集中地的古城毁灭的原因令人费解。

1351 年，直接针对元朝政府的农民战争——红巾军起义从集宁路横扫而过，他们是否因听闻集宁路的富庶而在这里实行劫掠，尚无从考证。这场战事被元朝政府迅速平

集宁路遗址

息，战争过后，居民陆续返回集宁路，他们收拾战场，掩埋尸体。

十年之后，居民们又听到了战火的消息。曾经经历过战争的人们坚信，有朝一日还能回到这里重建家园，于是他们尽可能地掩埋那些无法带走的财物，等待战争过后再次取回。他们并不知道，他们再也不可能回到这里了，因为迫使他们再次离乡背井的，是一场改朝换代的战火，明朝的历史从此翻开。

明朝政府和逃离北方的北元政府进行拉锯战期间，集宁路北方的元上都被明军作为军事防御基地镇守着，没有人知道集宁路的存在。

二百多年以后，明朝开始采取以守为攻策略，把北边防守卫所全部撤到关内，集宁路从此成为明朝长城外一个无人问津的地方。

曾居住在集宁路的人们，早已不知逃到了何方，而经历战火遗留下来的一切，逐渐被野草覆盖，一座城池从此消逝。

考古发现

2002 年，内蒙古考古队在集宁市土城子村勘察地形，根据古代地图所示，这里就是集宁路古城所在地。

截至目前，内蒙古文物考古研究所对集宁路古城遗址进行了抢救性考古发掘，发掘面积达 22045 平方米，共发现房址 91 组、灰坑（包括窖穴）822 座、灰沟 110 余条、水井 22 眼、道路 9 条、窑址 23 座、墓葬 11 座、瓮棺葬 4 座、窖藏 34 座。出土了大量不同质地的各类器物，其中完整瓷器 200 余件、可复原瓷器 7416 件、陶器 877 件、金银器 10 件、铜器 351 件、铁器 268 件、骨器 456 件、铜钱 36849 枚，其他石器、木器等各类器物 2000 余件。这些遗迹、遗物的出土，为研究元代的城

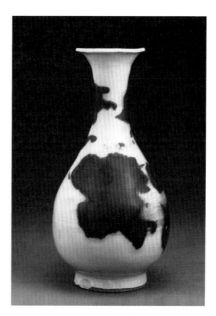

釉里红玉壶春瓶

市制度、经济、文化、生活提供了翔实的实物资料。

据元代集宁路古城遗址考古队队长、内蒙古考古研究所所长、研究员陈永志介绍，2002 年夏季，考古发掘工作正在进行，考古队员们

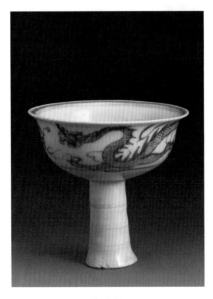

高足杯

发现一个盛满东西的大陶瓮，在集宁路古城遗址，这还是头一次发现如此完整的窖藏。"有铜镜，有龙泉窑的高足碗，还有一些铁器，以及零星的瓷器。这也是考古队员们发现的第一座比较完整的器物窖藏"。

在集宁路古城遗址里，陆续出土了大量碎瓷片，其中就有中原七大窑系的瓷器，而青花瓷的出土对于青花瓷的研究具有很大的历史意义。

学术界通常认为，青花瓷的创烧年代在元朝延右年间，即14世纪初，集宁路古城青花瓷的出土颠覆了这一传统认识。陈永志说："集宁路古城遗址出土的青花瓷器，从器形、釉色、胎釉装饰及画面构思

等诸多方面看，其烧造技术已经相当成熟。"至正十一年（公元1351年），元朝爆发了红巾军起义之后，全国各地农民起义风起云涌。1352年，生产青花瓷器的江西景德镇也爆发了农民起义，到至正十四年（公元1354年），元朝在江西的各地方政权次第垮台。没有政府强有力的管理和稳定的社会秩序、生产秩序，不可能烧制出质量上乘的青花瓷器，特别是烧制高质量青花瓷器所需的钴料必须从国外输入，战乱必然会给原料供应带来困难。另外，当时南北交通因各地农民起义而被阻断，这批珍贵且娇贵的青花瓷器很难在战火纷飞中运至北方草原地区。因此，在集宁路古城出土的这批工艺成熟的青花瓷不可能是这一时期的产物。

陈永志进一步推断说，从景德镇到位于漠北草原的集宁路，距离数千公里，人畜辗转运输，一路坎坷，路上所用时间至少三五年，再结合集宁路古城遗址出土的纪年瓷

青花瓷器

器，最晚的年号为后至元。由此推断，这批工艺成熟的元青花瓷器为1341年之前（至正年初之前），上溯至大约1313年前后的产品。以此为基础，考虑到瓷器烧造技术有一个产生、发展和成熟的过程，从而推断元青花瓷器极有可能创烧于至元年间。

据内蒙古文物考古研究所专家张红星介绍，2005年6月—11月，文物考古工作者在集宁路古城遗址共揭露面积3500平方米，发现房址12组、灰坑45座、灰沟6条和窖藏3个等，出土了瓷器、陶器、铜器、古钱币等各类器物470余件。

其中，出土的181件完整或可复原瓷器引人注目。这些瓷器分属钧窑、磁州窑、耀州窑、龙泉窑和景德镇窑等多个中国古代窑系。在出土的大量瓷器中，一件景德镇窑系的青白釉鸟食罐最为珍贵。此鸟食罐近似一个海螺造型，口沿趴着一个裸体的小人，通体青白色，明洁光亮，整个造型十分生动。此文物为内蒙古首次发现，在全国也属罕见。

另外值得一提的是，此次出土的一些龙泉窑瓷器亦十分精美。这些瓷器有粉青、豆青等品种，釉面纯正，光滑如脂，玻璃质感很强，许多器皿的内底部还饰有花卉、动物图案，十分考究。其中有一个完整的龙泉窑碗，犹如翠玉般剔透，整体为荷叶造型，碗内底部饰有一只小乌龟，造型十分独特。

乌兰察布：历代长城的汇聚之地

赵国北长城与赵武灵王

在乌兰察布市，有一条横贯东西的长城遗址，这就是始建于赵武灵王二十六年（公元前300年）战国时期赵国北长城。它是我国最古老的一段长城，以后许多朝代在它的基础上修筑、加固和延长。它不仅是万里长城的重要组成部分，而且是万里长城的母体部分。

赵武灵王是中国历史上有作为的君主之一，少年即位。他粉碎了"五国图赵"的阴谋，并从赵国游牧文化重于农耕文化的实际出发，通过以"胡服骑射"为代表的一系列政治、军事、经济和文化领域的改革，使赵国的各类资源得到优化配置。赵武灵王在灭中山国以后，修筑南北两道长城，推动了赵国北方游牧经济结构和中原农耕经济结构的变革，畅通了以代道为主要商道的南北方贸易通道，加大了赵国南部与北部的交流。赵国北长城自河北宣化，经尚义县，跨东洋河，进入乌兰察布市兴和县大同村大青山北麓，向西经察右前旗黄旗海北、集宁区

古长城遗址

土城子村北面山坡、卓资县旗下营，再向西经土默特左旗、土默特右旗进入大青山，从固阳县继续向西延伸，穿越昆都仑河经乌拉山入河套平原，然后趋于狼山之中。

乌兰察布市这段赵国北长城，大部分用灰黄土夹砂粒夯筑，也有用石块叠砌，基宽为3—4米，残高1米左右。卓资县赵国北长城保存较好，夯筑痕迹明显，夯层在10—12厘米，完好处的夯层可达25层。在赵国北长城内侧，考古人员还发现了一些城障遗址，这类城障连接长城墙体，平面呈长方形，规模小的城障东西长20余米，南北宽13米，规模大的城障东西长120米，南北宽100米，遗址内有绳纹板瓦类碎片。

秦长城与乌兰察布交通网络的初步形成

秦统一六国后，大将蒙恬将兵30万屯戍上郡（今陕西榆林东南，辖地包括今鄂尔多斯市准格尔旗西南部和乌审旗、伊金霍洛旗等部分地区），筑亭障。接着开始了大规模的"适治狱吏不直者，筑长城"。秦朝修筑长城是为了防御匈奴，并将战国时期秦、赵、燕北边长城连接起来，"起临洮，至辽东，延袤万余里"，号称"万里长城"。长城的修筑，标志着秦王朝开始对今乌兰察布南部地区的有效管辖。

乌兰察布境内的秦长城从呼和浩特市境内大青山进入察哈尔右翼中旗灰腾梁西南麓，折向东南，经卓资县南部山区、丰镇市北部、察哈尔右翼前旗南部、兴和县南部，再东行伸入河北省境内。这段秦长城多半是夯土筑成，依山就险，因坡取势。如今，站在高处，依然可见长城顺着山势上下，状若游龙。一般为基宽4米，顶宽2米。此长城不仅是军事防御设施，也是秦朝与匈奴等的疆域分界线。以长城为界，其南为中国古代农耕民族，其北为游牧民族。正如《史记》中记载汉文帝致匈奴单于书所言："先帝制：长城以北，引弓之国，受命单于；长城以南，冠带之室，朕亦制之。"

在修筑秦长城的同时，秦王朝修筑了咸阳到边塞九原郡的一条大道，史称直道。直道的修筑，举全国之人力、物力和财力，史学界认为不亚于万里长城。除直道外，秦王朝还修筑了驰道、轨路和其他一些道路，从今乌兰察布地区过境的有三条：一是从辽西经云中、上郡、雁门郡至咸阳的大道；二是经原阳（今呼和浩特市东南）东至代郡，经九原向高阙，渡黄河西南经榆中（今鄂尔多斯境东）至咸阳的大道；三是从太原到雁门郡的驰道。这三条道路的开通，促进了南北经济文化的交流，初步形成了乌兰察布地区四通八达的交通网络，为政令统一、信息传递以及经济开发起到了积极的作用。从中原迁徙到今乌兰察布南部地区居住的华夏人，在秦朝的管辖下，从事农耕、畜牧、冶铁、制陶等活动。从出土的秦半两钱可知当时乌兰察布南部活跃的商业活动。

古长城遗址

汉南长城和阴山道上单于台

汉武帝时期，西汉在与匈奴的战争取得胜利后，扩建和修缮了长城，重新修建了城障、塞亭、烽火台等。乌兰察布市境内的汉长城大部分是这一时期修缮的，为汉朝南长城。长城遗址大体呈东西走向，由河北省张家口地区进入兴和县高庙子、大同窑、张皋镇二台村，这段长城破坏严重，在高庙子西南约1公里处有烽火台；进入察哈尔右翼前旗巴音塔拉、平地泉，在平地泉北约50米处有烽火台，东西长7米，外面用长方形砖包筑；进入呼和乌素口子村，这段长城保存较好，为石筑长城，长0.6公里，高出地表些许，墙基宽3.5—4米；又向西入丰镇市麻迷图乡四合义村北，这段长城用土夯筑；向西进入卓资县麻地卜子乡，这段长城的残存部分，夯土基宽3.5—4米左右，土质因地而异，为黄沙土，夯层厚10—15厘米；向西进入三道营乡和旗下营镇，入呼和浩特市。

西汉和匈奴之间或友好往来或发生战争，都与南长城和单于庭有着直接的关系。史籍记载：单于庭设在今乌兰察布市辉腾锡勒，鲜卑称为九十九泉，契丹人称为百泉湖，女真人称为官山，清朝称为敖伦淖尔。西汉发生"白登之围""马邑之谋""龙城之战""阴北之战"，都与乌兰察布境内的单于庭有着根本的联系。

汉元封元年（公元前110年），李广、卫青等击败匈奴，汉武帝为了耀武北方，走出汉南长城，登上了辉腾锡勒的单于台，这时的西汉王朝已是"海内虚耗、户口减半"，国家经济下滑。所以后来隋炀帝来到辉腾锡勒时，赋诗嘲笑汉武帝"何如汉天子，空上单于台"。

北魏北长城和北魏六镇

北魏王朝为了防御北方柔然等民族的南下而修筑了长城，即北魏北长城。在明元帝拓跋嗣泰常八年（公元423年）2月，"筑长城于长川之南，起自赤城，西至五原，延袤二千余里，备置戍卫"。太武帝太平真君七年（公元446年）6月，"发司、幽、定、冀四州十万人筑畿上塞围，起上谷，西至于河，广袤皆千里"。北魏长城的范围，东起今河北省赤城县，经今乌兰察布市南部、鄂尔多斯东部，西至包头市西。在今乌兰察布市四子王旗和察哈尔右翼中旗、呼和浩特市武川县、包头市达尔罕茂明安联合旗和固阳县仍存有北魏长城遗址。

北魏北长城虽经三次大规模的修筑，但是作为单一防线仍无法阻挡柔然的侵袭，为此北魏王朝先后

古长城遗址

建立了近百个军事据点，即军镇，东起辽东，西至河套，形成了一条点线结合的军事防御体系。其中在北魏初年设置的北魏六镇就是北魏长城防御体系的支撑点和战略依托。设在乌兰察布市境内或统辖今乌兰察布地区的军镇有4个，即抚冥、怀朔、柔玄和武川镇。

金长城与成吉思汗南下攻金

金长城也称金界壕。金朝大规模开挖界壕分三个阶段。第一个阶段构筑的壕堑约在金灭辽后不久，自额尔古纳右旗上库力，向西入蒙古国境内西北至肯特山的南麓为止，全长约700公里。第二阶段构筑的壕堑在金世宗大定年间（公元1161年—1189年），东起今莫力达瓦达斡尔族自治旗的尼尔基，沿大兴安岭进入蒙古国境内，再从阿巴嘎旗北部穿入中国境内，经苏尼特左旗、苏尼特右旗、四子王旗、达尔罕茂明安联合旗，至大青山北麓的武川县庙沟为止，总长约2500公里。第三个阶段构筑的壕堑在金章宗明昌年间（公元1190年—1196年），这次主要是增加了副堤和副壕，东段自尼尔基至科右前旗满族屯间增筑壕堑，其屯以西另挖新壕，经突泉县、科右中旗、扎鲁特旗、阿鲁科尔沁旗，穿越巴林左旗北部的小罕山，向西经巴林右旗、林西县，在克什克腾旗的达里诺尔北面折向西南，经正蓝旗、正镶白旗、镶黄旗、商都县、察哈尔右翼后旗，至四子王旗查干敖包苏木，与第二阶段构筑的壕堑相合，西通至武川县庙沟间，并加筑了副堤和副壕，总计长约2500公里。第三阶段构筑的壕堑，沿线还分出几段支线，其中较长的一条支线，起自正蓝旗南部，经太仆寺旗，进入河北省康保县，再西延伸入乌兰察布市化德县，进入商都县与主线相合。

乌兰察布市境内的两条金界壕系第二阶段和第三阶段构筑的壕堑。一条干线由锡林郭勒盟、河北康保进入化德县土城乡，又西经商都县、察哈尔右翼后旗、四子王旗和包头市的达尔罕茂明安联合旗折向西南，从武川县西进入大青山主峰。另一条由蒙古国进入四子王旗巴音补力格与干线界壕相合。乌兰察布市境内的金界壕一般为单墙、单壕，个别地段为双墙、双壕。残存的墙体基宽5米，残高1—4米。在墙体之上设有马面，间距约为300米，突出墙面10米，墙体外侧壕宽7—8米，在墙体内侧，每隔5公里左右设置一个军事屯戍用的边堡，边堡均为方形，边长30—50米。每相距30—40公里左右，设一座规模略大的城，城址边长一般在200—300米左右，用于屯戍更多的兵卒守卫界壕。金界壕的壕堑、城堡与守军三位一体，构成了金朝北部边疆的防御体系。

耗费大量人力、物力、财力建成的金界壕，也未能阻挡蒙古骑兵的铁蹄。成吉思汗在1198年与金朝完颜允济谋面并鄙视其庸懦，从此与金断绝关系。1211年秋，成吉思汗发动第一次攻金战争，由成吉思汗诸子术赤、察合台、窝阔台率领，从今乌兰察布四子王旗卫井嘎查出发，由汪古部驻守的金界壕入境，并由献关做内应的汪古部贵族为向导，沿木怜道南下，夺取了净州等地，沿白道岭破丰州（今呼和浩特市白塔村）、云内州（今土默特左旗）、东胜州（今托克托县大皇城）、武州（今山西五寨县）、朔州（今山西朔州）等。

明长城与明朝对草原生态的破坏

明朝从明成祖朱棣即位后，便将修筑长城作为抵御蒙古部落的主要措施。明长城东起鸭绿江，西至嘉峪关。绵亘万余里，号称边墙。阻隔南北，成为明朝与北元的分界线。

在乌兰察布市境内的明长城有主边和次边之分。据《明史》记载，主边始建于建文帝年间（公元1399年—1402年），位于乌兰察布市南边与山西省交界处，由东向西经兴和县、丰镇市、凉城县后，进入呼和浩特市和林格尔县。这条长城遗迹大部分沿崇山峻岭，傍悬崖陡壁，因此墙体保存较好。长城修筑所用材料，多为就地取材，70%以上系夯土构筑，少数重要关隘为砖石构筑。在长城沿线筑有烽火台，重要关隘筑有城堡。重要的关口有杀虎口、得胜口、镇门口、忻平口、马市口等，重要的堡子有拒墙堡、得胜堡、镇川堡、镇宏堡、守口堡等。

长城主边北侧修筑的次边，俗称为二道边。明长城次边修筑年代略早于主边。民国十六年（公元1927年），在丰镇市隆盛庄发现一块石碑，碑文有"大明洪武二十九年岁次丙子四月甲寅吉月，山西行都指挥使司建筑"的字样。大明洪武二十九年（公元1396年），可知该长城建于明太祖朱元璋时期，这条长城保存略差，但遗迹较清楚，墙体残高3—5米。凉城县段的长城残垣中出土洪武五年（公元1372年）铸造的铜炮一尊。丰镇市对九沟出土永乐七年（公元1409年）制造的铜火铳一个，全长49.5厘米，铳口内径7厘米，重18千克。火铳由前膛、药室和屋銎三部分组成，铳身呈竹节状，铳身之上刻有铭文"永乐七年九月造""英字叁仟七百玖拾肆号"。

在修筑明长城的同时，由于明朝和北元的战火，明王朝下令焚烧长城周边的树木，"一免贼马驻牧，一便官军望"。到嘉靖、万历年间，乌兰察布南部的山林已被毁尽，明初的"园林之盛，蓊郁葱茜，柯叶交荫""猎黄羊于野马川"的优美风光和茂盛林草已不复存在。明朝还制定了放火烧过的地方"草木多寡，遵例奏报，以凭稽考""每年要大放军士，伐木两次"，要"四山尽烧，防有伏者""林中多禽兽，每秋必来射猎至勤，侦逻烦士马，不如焚之可也"。由于大面积伐木烧荒，使古树贻尽、草木皆无，严重破坏了乌兰察布境内的生态环境，造成明朝后期30年间，各种灾荒频发。特别是黄旗海、岱海林木焚烧后，水位急剧下降，给后人造成了无法弥补的损失。

乌兰察布博物馆

乌兰察布博物馆在乌兰察布市格根西街10号，位于乌兰察布体育场北、乌兰察布体育馆东，周围交通便利，环境优美。乌兰察布博物馆是乌兰察布唯一的综合性公立博物馆，始建于1958年，2012年被中国博物馆协会、国家文物局评定为国家三级博物馆。该馆不仅具有文物收藏、展览陈列、学术研究等基本功能，还承担着全市文物保护、田野考古、协助市文化新闻出版广电局进行文物行政管理等职能。

乌兰察布博物馆的建筑面积为9000平方米，内部结构为二至四层错层，内设基本陈列厅、临时展厅、

多功能厅、文物藏品库、业务办公区等功能单元。下设考古部、藏品部、陈列部、信息技术部、文物保护中心、公共服务部等10个业务部门。

陈列展厅是乌兰察布博物馆传播历史、文化惠民的主阵地。基本陈列现有三个展厅，以"多元、融合、升华、辐射"为主题，分为"文明星火""民族熔炉""帝国腹里""塞外手足"四大部分13个单元，共展出近4000件藏品，全面展现了乌兰察布地区从远古时期到中华民国时期的历史发展脉络。整个陈列注重"以物见史"与现代信息技术的有机结合，既强调用文物说话，又广泛运用了多媒体、历史场景复原等前沿技术，令参观者如身临其境。

乌兰察布博物馆的建馆宗旨是：以服务群众为最高宗旨，以文化传播为首要职责，以扎实的科研工作为支撑，以丰富的文化产品为载体，以藏品为生命线，以人才为动力源，努力把博物馆打造成乌兰察布的形象窗口和人文名片，打造成乌兰察布人的情感地标和精神家园。

几年来，乌兰察布博物馆认真落实习近平总书记"让深藏在禁宫里的文物活起来"的重要指示，自觉践行建馆宗旨，勇于突破，大胆创新，积极弘扬乌兰察布优秀地域历史文化。乌兰察布博物馆基本陈列年平均开放时间300天以上，接待群众约8万人左右。此外，乌兰察布博物馆每年都要举办丰富多彩的临时展览，开展灵活多样的文化活动，取得了良好的效果。2015年9月，在全国第十七次社会科学普及工作经验交流会上，乌兰察布博物馆被命名为"全国社会科学普及教育基地"。

乌兰察布博物馆现有藏品3万余件（套），其中，一级文物28件，二级文物36件，三级文物138件。藏品主要以历史文物为主，还有革命文物、民族民俗文物和近当代艺术品。有距今成万上亿年的古生物化石，有反映人类文明星火的新石器时代遗物，有见证历代北方草原部族在乌兰察布地区繁衍兴替的生产生活用具，有中国北方长城边塞的特色文物，也有保存完好的千年契丹女尸等等。它们都具有鲜明的乌兰察布地域文化特色，特别是西汉早期的虎衔鹰金饰牌、北魏时期的步摇冠金饰件、辽代的白瓷瓜棱提梁壶、元代的蟾蜍形砚滴、清代的乌兰察布盟长印等藏品，均为稀世珍品，具有很高的历史价值、艺术价值和研究价值。

集宁战役红色纪念园

内蒙古乌兰察布是一座具有民族特色的城市，也是一座红色文化厚重的城市。近年来，乌兰察布市委市政府、集宁区委区政府深入挖掘革命历史资源，积极繁荣红色文化，大力发展红色旅游，取得明显成效。2016年8月，在纪念建军89周年之际，集宁战役红色纪念园落成，向人们全面展示了一幅完美生动的革命历史画卷，成为激励乌兰察布人民"不忘初心，继续前进"的强大精神力量。

集宁战役红色纪念园

集宁战役红色纪念园雕塑群

乌兰察布历来与红色有缘，乌兰察布汉语意思是"红山口"。解放战争时期，乌兰察布市集宁地区相继爆发了集宁争夺战、大同—集宁战役和解放集宁战役三大战役，历史上统称为集宁战役。集宁战役是内蒙古自治区解放战争史上参战将帅最多、规模最大、伤亡最大的战役，为人民解放军在华北东北地区的决战取得最后胜利、为北平和平解放、为辽沈决战做出了重大贡献。面对如此厚重的革命历史文化，乌兰察布市委市政府、集宁区委区政府认真落实习近平总书记关于"把红色资源利用好，红色传统发扬好，红色基因传承好"等重要讲话精神，2015年，乌兰察布设立专项资金，成立了红色旅游工作领导小组，党委、政府有关部门明确任务分工，社会各界积极参与，致力于发展以集宁战役红色纪念园为主要依托的乌兰察布红色文化。内蒙古自治区政府主席布小林对乌兰察布近年来充分挖掘本土底蕴、大力弘扬红色文化、积极发展红色旅游、聚力打造城市文化名片给予了高度评价。

集宁战役红色纪念园

名人园

经典的红色记忆要有一流的载体展示，深厚的红色基因要有一流的文化传承。乌兰察布将集宁战役红色纪念园作为繁荣红色文化的重要阵地，发展红色旅游的主要依托。在尊重历史、保护原貌的基础上，坚持文化引领，本着资源一流、标准一流、建设一流的标准，加强规划部署，注重史料收集，切实抓好落实，先后用近2年时间在原有集宁战役馆及周边遗址的基础上，建成了总占地面积约13万平方米的红色纪念园。园区主题突出、创意新颖、内容丰富、形式多样，以集宁战役纪念馆为主展区，建有胜利广场、纪念广场、将军园、名人园、碑林园、支前广场、英雄广场、和平广场、人民英雄纪念碑、集宁战役指挥部旧址、地道遗址、英烈墙、国防教育区、场景复原区、军事体验区、红色旅游书屋、青少年科技实验基地等17个参观体验景点。纪念馆展出珍贵文物、照片、复制品和艺术作品等各类展品达1200多件，并被列为"国家级烈士纪念设施保护单位""自治区爱国主义教育基地"。

目前，集宁战役红色纪念园是自治区规模最大、史料最全的红色旅游景区。园区内每一幅历史照片、每一处互动设施、每一个复原场景，完美描绘出集宁战役的整个历史画卷，将人们带回到那段难忘的历史岁月。

察哈尔民俗博物馆

察哈尔民俗博物馆坐落在乌兰察布市集宁区老虎山公园南麓，与集宁战役馆相呼应，是点缀老虎山生态公园的一道景观。该馆主馆设

察哈尔民俗博物馆

计为三层建筑，占地面积 24267 平方米，主馆建筑面积 4687 平方米，附属设施建筑面积 7000 多平方米。设计风格充分体现察哈尔文化特点，将传统蒙元文化和现代文化理念有机结合，同时又尽量回避世俗"蒙元文化"单位表现方式，避免"符号化"，既可以满足文化收藏保护的需要，有不失为旅游、休闲的一处亮丽景点。

察哈尔民俗博物馆于 2010 年 5 月破土动工，2011 年 10 月建成。2012 年 1 月开始进行博物馆的内容方案设计，2012 年 4 月开始进行装修布展施工，2012 年 10 月完成装修布展工程并开馆。

察哈尔民俗博物馆综合应用多种艺术手法，系统全面地展示了察哈尔传统民俗文化，展陈的文物多，表达的知识面广，解释的原理深，每一处装饰的细节都充分体现了察哈尔蒙古文化元素以及蒙汉文化交融的特征。陈列内容布局巧妙，观展线路科学合理。

察哈尔民俗博物馆布展面积 3200 平方米，收藏文物 3000 余件，共分生活习俗、历史沿革、农耕文化、马背文化、古城遗韵、文化艺术 6 个展区和一个中央大厅。

进入察哈尔博物馆首先进入中央大厅（即序厅）。中央大厅似蒙古包的结构，顶部为穹楼顶，两侧为钢管组成的哈那扇结构。正中环形墙为反映察哈尔历史文化的大型浮雕，大厅中央是特写察哈尔军民风采的一组群雕，雕塑下是一幅察哈尔八旗地图。

由中央大厅向左穿过马鞍门洞，进入生活习俗展区，首先看到的是草原生活场景。生活习俗区主要展示察哈尔人民衣食住行，藏有蒙古包、勒勒车、服装、头饰、配饰、生活用具等大量文物。

历史沿革区主要介绍了察哈尔的由来、察哈尔的形成以及察哈尔的历史沿革，同时介绍了察哈尔的姓氏、历史名人及地理变迁，并复原了元代集宁路遗址。设置了成吉思汗、达延汗、林丹汗、满都海、明安图五尊雕塑。

穿过历史沿革区，进入农耕文化区。农耕文化区介绍了察哈尔地区的垦殖和蒙古农耕村落的形成，设置了耕地和秋收打场的场面，一比一复原了察哈尔民居，并配有大量的农耕工具。

上二楼进入马背文化区。马背文化区介绍了马的习性、走姿，介绍了套马、打马鬃、刮马汗、钉马掌、打马烙印、擀毡、剪羊毛等生产过程，并配有大量与马背文化相关的文物。

穿过复原的集宁古城门，进入古城遗韵区。该区再现了集宁古城商业一条街，粮店、丝绸店、中药店、山货铺等仿古建筑鳞次栉比，驼队、商贾在此荟萃。

通过钱币展厅长廊进入文化艺术区。首先是宗教祭祀区域，该区域有真实的敖包、祭祀成吉思汗的平台，以及有关萨满教、喇嘛教文物。文化艺术区域还以图文和多媒体方式介绍了婚俗文化、礼仪文化、丧葬文化、禁忌文化、生态文化，并配有大量文化艺术用品。

集宁面粉公司大楼

在集宁区桥西朝阳路73号，有一栋墙壁上至今还留有弹孔，主体为4层、局部为5层的钢筋水泥结构的大楼，它曾是为日寇解决供给的面粉厂，更是解放战争时期最重要的军事制高点，它就是原日建面粉公司大楼。

经过历史的洗礼，1986年5月10日，面粉公司大楼被内蒙古自治区人民政府列为"集宁战役遗址"之一，成为自治区级重点保护革命文物。

据文献记载和当年知情者武广回忆，1937年，"七七"事变后，日寇占领了集宁城。侵略者为了解决给养，约在1940年前后，雇佣朝鲜人当工头，抓了一批民工做苦力，在桥西修建了占地面积约376平方米、高21.7米的面粉公司大楼。因第一次修建时基础不牢固，大楼坍塌，重新修建时，日寇便使用了大量的钢筋水泥，用时一年完工。

1942年正月初八，日本鬼子和

红色遗址面粉楼

监工都聚在一起玩麻将、喝酒。晚上 12 点左右，面粉公司里的机器由于昼夜不停地运转，主轴因温度太高而发红，同时发出喳喳的响声，机工们慌了神，慌忙中将一桶油浇在电机上，酿成了火灾。

楼内是木建筑结构，火势越烧越大，火舌吐着浓烟从窗口往外窜，把整个桥西照得通红。由于火势太大，一场大火之后，楼房烧得只剩框架，从此再未修建。而面粉公司大楼的建筑过程，也成为集宁人民在日军侵华期间饱受凌辱的历史的缩影。

抗日战争时期，面粉公司大楼仅作为日军为自己的部队和随军家属生产粮食的加工厂。1945 年 8 月 15 日，日本侵略者无条件投降后，残留下这座框架式的楼房。1946 年和 1948 年，在中国人民解放军与国民党军队进行的三次集宁战役中，作为京包与集二铁路的咽喉要冲，并与老虎山遥相呼应，面粉公司大楼成为攻守双方反复争夺的重要军事制高点，对保卫北平和归绥具有重要的战略意义。

特别是在解放战争时期，日建面粉公司大楼是中国共产党及其领导下的人民军队创造性地采取"绥远方式"，促成国民党绥远军政当局和平起义这一重大历史事件的见证。今天仍旧残留在该大楼外墙表面的累累弹痕以及深嵌在弹洞内的弹头，为我们真实地再现了当时战争的激烈与残酷，记录了革命先辈为中华人民共和国的建立而浴血奋战、甘于牺牲的英雄壮举。

中华人民共和国成立后，政府有关部门对遗址周围进行了修缮，逐步新建了集宁市粮食局部分二级单位的办公用房、粮食库房、办公区围墙及大门，集宁市医院大楼、家属楼等建筑，并多次修缮位于该遗址东南侧的清真大寺。

1985年，乌兰察布市博物馆（时为乌兰察布盟文物工作站）按照"修旧如旧"的原则对该遗址进行了大规模保护与修缮，并利用修缮后的大楼作为办公、陈列、文物收藏的场所。但这栋大楼外观仍然保留着战争年代的原貌，弹痕累累。

1986年经自治区人民政府批准，该遗址被正式列为自治区第二批重点文物保护单位。1992年自治区人民政府再次批准了乌兰察布盟行政公署关于划定该遗址保护范围的意见。

2011年，乌兰察布市博物馆主要机构迁往集宁新区新址，该遗址建筑仍由该馆管理使用。

原日建面粉公司大楼承载着城市成长的历史记忆，深深地融入到广大市民的生活当中，它与东南侧的清真寺、南道口一样，长期以来已经成为了集宁城区的名片，成为了集宁不可或缺的文化元素。

集宁南站水塔

水塔位于集宁南站南侧，高32米。集宁南站水塔在集宁战役中为

南站水塔

我军城内抗击敌人的主要制高点，曾给予敌人以重大杀伤。中华人民共和国成立后，经过部分修整，水塔依旧傲立在集宁南站。1986年5月10日水塔被内蒙古自治区人民政府公布为"集宁战役遗址"之一，成为自治区级重点保护革命文物。

凤凰楼

凤凰楼位于白泉山公园西部，是集宁区新的标志性建筑。楼高六层，总高度52米，比著名的黄鹤楼高0.6米，是中心城区的制高点。

凤凰楼占地面积1289平方米，工程建设采取招投标方式进行建设，工程从2012年3月动工建设，2013年10月底全部完工并投入使用。

凤凰楼一层展有乌兰察布特色的布景。二层安装有大型LED彩屏，用于展示宣传乌兰察布城市风貌，还有部分乌兰察布当地书画名家的作品在这里展示，增加了凤凰楼的文化内涵。五层是中心城区森林草原防火指挥中心。区委、政府为了更好地监测火情，在这里安装了两套视频瞭望系统，总投资600多万元，现已投入使用。

凤凰楼的建成不仅为集宁地区增添了新的城市景观，树立了新的城市地标，同时也为旅游产业增添了新的游览景点，重要的是对瞭望和监测森林草原火情起到了重要作用。

凤凰楼

紫云阁

紫云阁

古香古色，关山望城。位于北区东山西南山头，主体建筑高达 24 米，具有古韵的紫云阁不仅是一个很好的景点，还是一个绝佳的观景之地，在紫云阁上观集宁新城旧区一览无余。

哈伊尔红色文化旅游新村

白海子镇是乌兰察布市城乡统筹示范点和集宁区唯一的建制镇，2013 年被自治区住建厅评定为自治区级重点镇，2014 年被国家七部委批准确定为全国重点镇。白海子镇辖区总面积 251 平方公里，下辖 17 个行政村、4 个社区、3.45 万人口。哈伊尔行政村位于白海子镇北侧，二广高速、208 国道横跨全村。

哈伊尔有着悠久的革命历史，1941 年初，八路军大青山支队派地下工作者宋乃暄（化名王守仁）在哈伊尔脑包山一带开展地下情报工作。1941 年秋，正式建立了中共哈伊尔脑包党支部，这是集宁地区第一个地下党支部（情报站），为配合绥东、绥远地区的解放做出了巨大贡献。

由于特殊的地理位置，双脑包在战争年代建有很多军事设施，现村内仍存有纵横交错的战壕、暗堡、地道等，多位革命先烈的后人如今仍在该村居住。

2015 年，政府决定将 540 万元的扶贫移民项目工程落户孙宪村。镇党委、政府针对村庄整体现状，借助扶贫移民项目,依托双脑包红色革命历史,对哈伊尔全面拆旧建新,着力打造哈伊尔红色文化旅游新村。

在村庄规划布局上,计划新建300套徽式风格住宅,"一户一宅",每套建筑面积为150—200平方米。其中,100套用于哈伊尔及周边村村民回迁安置,100套用于打造农家庄园和郊区家庭旅馆,100套为商品房。

哈伊尔红色文化旅游新村,不仅可以达到传承历史、教育后人、激励民志的作用,而且还能成为集宁地区的又一张红色名片,推动地区红色旅游业和地区经济发展。通过发挥其引领作用,更好地辐射和带动农村经济社会发展。建设哈伊尔红色文化纪念馆,打造城郊红色文化教育基地和红色文化旅游景区。抓住"五城联创"契机,利用近千亩闲置土地,拟打造一批农业体验园、高端养殖园,开辟城郊生态经济景观带。逐步形成集文化旅游、特色种养殖、生态体验、休闲观光于一体的产业链条,以发展壮大集体经济,增加农民收入,使哈伊尔成为城乡统筹的示范园,并成为新农村建设的典范工程。

山城传说

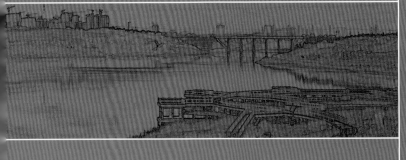

HUASHUONEIMENGGUjiningqu

山 城 传 说

SHANCHENGCHUANSHUO

赵武灵王，"胡服骑射"；昭君出塞，满蒙和亲；英雄拓跋，开疆拓土。察哈尔铁骑纵横驰骋，走西口曲调驼铃声声。多少历史悲喜剧在这里轮番上演，孕育了多少美丽的传说。

老虎山的由来

塞外集宁城，城中有座山，名叫老虎山。老虎山西侧的半山腰，有一处酷似老虎的山崖，老虎山的名字与这尊酷似老虎的山崖有关。

当年，成吉思汗有个二弟，名叫哈撒尔，哈撒尔力大无穷，是有名的神箭手。一天，哈撒尔又当着三弟别勒古台的面夸耀自己的箭法天下第一时，突然，有一只猛虎从林中窜出。说时迟，那时快，哈撒尔张弓搭箭，"嗖"的一箭射向猛虎。只见那只虎不慌不忙，就地一滚，把箭横着含在口中。哈撒尔感到很没面子，大吼一声，提枪上马，直取猛虎。猛虎便向南逃窜。哈撒尔

俯瞰老虎山

147

策马直追。他快，虎快，他慢，虎慢，他止，虎停。哈撒尔大怒，一直追了三天三夜，追到一个叫老鸦嘴的地方，老虎突然不见了，月光下，只见有两头牛在悠闲地吃着草。哈撒尔正纳闷，抬头一看，见山崖变成了老虎形状，石虎的口中还含着那支箭。哈撒尔立刻明白，这是长生天在告诫自己不该狂妄自大，于是赶紧翻身下马，对着石虎用蒙古礼节拜了三拜，并敬献了黄、蓝、白三色哈达。此时，别勒古台也率领人马赶到。哈撒尔把事情的经过告诉了大家，大家又是宰羊，又是喝酒，整整庆贺了三天三夜。离开之时，哈撒尔担心走后没人祭奠神虎，便从别勒古台部下拨出10个兵丁，让他们世代守护神虎。从此，这座山就叫作老虎山。

卧龙山的传说

话说清朝初年，噶尔丹在新疆一带受到沙俄暗中鼓动，发动了叛乱。噶尔丹骁勇善战，带着十万兵丁攻城掠地，所向披靡。朝廷震惊，天下动荡。康熙无奈，只好亲征关外。当他来到大同北面二百多里的黄旗海时，因无破敌良策，忧虑过度病倒了。病床上，康熙仿佛看见关老爷（关云长）来到面前，急忙请教破贼良策，关老爷笑着回答道："卧龙先生在此，何不问计于他？"康熙忙说："卧龙先生何在？"关老爷说："向北跑马一炷香，军师屋顶晒太阳。"康熙正要起身致谢，忽觉身体一动，方才知道原是一梦，病情也顿时好了七分。康熙急传军令，派索额图按梦中所说，去请卧龙先生。索额图骑马向北跑了一炷香时间，来到一座山前，见山上有一座小召庙，庙的屋顶有一个白胡子喇嘛晒太阳。索额图不敢怠慢，急忙传旨，请喇嘛面圣。但见那喇嘛眼也不睁，不起不拜，口中喃喃说道："平乱先平俄，平俄贼自破。"

说完，一阵风过后，喇嘛不见了踪影。索额图回去复命，康熙急忙亲自来到山前，结果连那个小召庙也没有了。康熙望着山拜了三拜，传令班师。当时，这座山是无名山，御前史官要记录这件事，又不敢胡编，便请康熙为此山赐

卧龙山生态公园

名,康熙想起梦中所言,便随口说道:"此山当为卧龙先生所居,就叫卧龙山吧。"从那时起,在黄旗海北约十里处,就有了一座卧龙山。康熙回京后,急忙派索额图出使沙俄,结交沙皇,并和沙俄签订了《尼布楚条约》,条约中规定,沙俄不再支持噶尔丹。最后,噶尔丹众叛亲离,失败后,服毒自杀了。

霸王河探源

集宁有条霸王河,河水清澈见底,两岸绿树成荫。

当年明朝的第六任皇帝朱祁镇(明英宗)亲率五十万大军,在王振的撺掇下,御驾亲征瓦剌部。瓦剌部首领也先(北元太师)志向高远,有勇有谋,有取代北元牧马长江之志,亲率八万人与明军对阵。由于英宗听信自私、贪功、无能的宦官王振,在河北土木堡一战中,也先以少胜多,全歼明军,连明英宗也做了俘虏。也先将明英宗囚禁于辉腾锡勒草原的九十九泉。一年后,英宗弟弟代宗继位,重用于谦等忠臣良将,瓦剌部也先进攻北京受挫,无奈之下,决定放英宗回国。瓦剌部大队人马从辉腾锡勒九十九泉下来,宿营在当今集宁的霸王河畔,老虎山下。也先问英宗:"您回去后,如何报答我对您的护送(释放)之恩?"明英宗知道也先有不臣之心,想篡北元王位,就说:"朕封你为霸王。"也先领会其中奥妙,叩谢而去,让其弟贴木尔继续护送英宗回朝,他便以霸王身份北上争夺北元王位去了。为了纪念这件事,当

霸王河俯瞰

地老百姓就把宿营地边的这条河，叫作霸王河。这个名称一直延用至今。

凤凰楼传奇

蒙古草原南端有座集宁城，城中有座老虎山，老虎山上有座凤凰楼，你知道凤凰楼的来历吗？

其实，凤凰楼是按照黄鹤楼的样子，用几乎一比一的比例建造的。这里还藏着许多玄机呢。

凤凰楼

话说草原雨神王昭君娘娘，貌美贤淑，多愁善感。每当她激动或高兴时，天空就布满了云彩，万物就承接着雨露。过去，因昭君娘娘的缘故，北方草原风调雨顺。但近百年来，昭君娘娘思乡心切，每到夏季，都要驾云到湖北老家探亲，一走就是两三个月。她走后，草原滴雨不降，蝗虫四起，而湖北则阴雨连天，年年洪涝成灾。王昭君的一位后人，在北方做官，他深知此事给两地人民带来灾难，便悄悄地在一个没有月亮的夜晚，把祭祀祖

先昭君的牌位从湖北姊归移到呼和浩特南侧的大黑河畔，为蒙蔽昭君娘娘，就连夜仿湖北姊归老家模样，在姊归东120公里的集宁仿黄鹤楼的样子建了凤凰楼。从那年开始，昭君娘娘每到夏季，当驾云南游至草原南端时，看到"黄鹤楼"，便以为到了武汉，然后按照记忆的线路，往西120公里，到了呼和浩特市的大黑河畔，便以为到了老家的姊归昭君村。这样，昭君雨神娘娘便一年四季留在了北方。至于为什么要建在老虎山旁边，也有说道。因为武汉的黄鹤楼建在蛇山上，从十二属相来说，有"蛇虎不聚头"之说，意思是昭君娘娘只要见了老虎山的凤凰楼，就再也看不到蛇山上的黄鹤楼了。

九龙街轶事

九龙街是集宁最古老的一条街。先有九龙街，后有集宁城，这话一点不假。

话说明朝洪武年间，朱元璋的第十三个儿子，名叫朱桂，被封为代王，镇守大同。朱桂作了代王后，整天不务正业，欺男霸女。他四哥朱棣怕他遭天谴，就建议他造了座九龙壁。九龙壁造好后，大同百姓每天都要对着九龙壁烧香、叩拜。渐渐地，九龙壁上的龙就有了灵性。

一天，朱桂的岳父，当朝魏国公徐达，十分思念女儿，茶饭不思，卧床不起。他想不出请假探望女儿的理由。正在为难之际，军师送来锦囊一个，徐达打开一看，连声说道："好计，好计。"立即从床上跳起来，急忙吩咐师爷写信给女婿代王。原来，军师出主意说，让代王谎报军情，说北元五十万大军寇边，非魏国公出师难以退敌。这样，徐达就可以假借出兵御敌为名，名正言顺地探望女儿了。

话说魏国公徐达带领三十万大军，来到大同，名为御敌，实则是看望爱女。三十万大军下榻在大同市，一住就是三个月。徐达和女婿朱桂也不顾伦理纲常，整天出入酒肆，醉卧勾栏。大同城内，怨声载道，民不聊生。自徐达出兵后，看看已有三月，朱元璋放心不下，派出信使督问战况。徐达眼看就要露馅，又请出军师。只见军师捋着胡子出主意说："大同往北有座集宁城，城中百姓来自五湖四海，天南地北，那里金银财宝堆成山，我们如能把那座城攻破了，杀居民以冒酋首，越民财以富兵将，班师回朝，还怕圣上不到德胜门迎接将

九龙街夜景

军？"徐达听了后，明知这是一件损阴德的事情，但再也想不出好办法了，就只好应允。

那天，徐达攻破集宁城后，纵兵掠杀，不管男女老少，逢人就砍，见物就抢。集宁城血流成河，尸体堆积如山。末了，又放起一把火，这个繁华似锦的塞外城市瞬时变成了一片废墟。就连魏国公徐达看后，也感叹道："太惨了，我必因此而断子绝孙。"

屠城的消息传到大同后，大同城接连下了三天三夜倾盆大雨。有人看见九龙壁上的九条龙在流泪。

借着大雨，九条龙深夜驾云来到集宁城，掩埋了死体，超度了冤死的灵魂，然后来到魏国公军营上空，挥动手中的雷锤，把魏国公的虾兵蟹将劈杀了一半，魏国公连滚带爬，带着残兵败将回京去了。

九条龙按下云头，化作九名大

白泉山一角

同商人，就在集宁古城废墟旁边住下来，筑城修路。当年他们最先建的那条街，就是九龙街。至今，这条街上的人们，还说着大同话，代代相传着当年集宁古城毁灭的经历。

白泉山的传说

白泉山原名百泉山。

天地初开时，洪水滔天。洪水散去后，方才凸显出了大地。有了大地，就有了百泉山。

百泉山上，有一百个泉眼。一百个泉眼，昼夜不停地冒着水，形成了一百条波光粼粼的小溪，一百条小溪欢快地向南流淌，汇成了方圆五百里的黄旗海。

八百年前，王母娘娘开蟠桃盛会，邀请了百泉山的泉龙王和黄旗海的海龙王赴会。两位神仙同坐一张席，同吃一桌饭，共饮一壶酒。席间，推杯换盏，海龙王和泉龙王都喝多了。海龙王吹牛说："我的疆域最大，我的珍宝最多。"泉龙王说："你的一切，都是我的，没有我，哪有你？"两位龙王你一言，我一语，争吵起来，各不相让。吵闹声惊动了宴会，王母娘娘十分生气，降旨道："狂傲的海龙王，不谦虚低下，怎能吸纳百川，养育生灵？故收回封地一半，归草地王管理。"接着，王母娘娘又降下第二道旨："狭隘的泉龙王，身居高位，却不能包容大度，怎能滋润大地，传播仁义？故发配你到西天瑶池，即日起身。"从此，黄旗海缩小了一半，百泉山上再也没有涌泉了。从那时起，人们把百泉山就叫成了白泉山。

风土人情

HUASHUONEIMENGGUjiningqu

风 土 人 情
FENGTURENQING

碰撞与交融激起的强烈火花在历史的大舞台上闪现，让游牧文明与农耕文明在此汇合，形成了独具魅力的草原丝路文化。

宗教概况

集宁区宗教概况：集宁区有佛教、伊斯兰教、天主教、基督教四个宗教，信教群众约万余人，宗教活动场所十多处。

佛教

中华人民共和国成立前在桥西有过佛堂和僧人，人数不多，改革开放后佛教恢复了宗教活动。后来在信教群众的要求下，为落实宗教信仰自由政策，批准成立了"居士林"（由信教群众自筹资金购民房七间做为活动场所）。后因房屋地基下陷墙体断裂成为危房，于2001年经政府批准，迁址到白泉山重建，现正在建设中。

活动场所：佛教一处，位于佛泉路，信教群众约3000人。

主要节日：

1.佛诞节

佛诞节，又称佛诞会、佛生会，是为纪念佛祖释迦牟尼诞辰的节日。佛寺届时举行法会，因法会中以浴佛为主要内容，故又称浴佛节、浴佛会、灌佛会。

佛诞节还有煎香汤、煮黑饭的习俗，《敕修百丈清规》规定，禅林在佛诞节浴佛之外，还须煎香汤、造黑饭供大众食用。明清时僧众在道旁煮豆供行人食用，而朝廷则赐百官于午门外食"不落夹"（一种以苇叶包糯米的食品）。

2.佛成道日

中国传统的佛成道节是在腊月初八，俗称"腊八节"。诸大寺作浴佛会，并送七宝五味粥给门徒，谓之腊八粥。腊八粥通常是用五谷杂粮加上枣、杏仁、核桃仁、栗子、花生等，用微火慢慢煮熟熬烂，别具风味。在佛成道日煮腊八粥供佛，源自牧女向佛献乳糜的传说，在民间则有庆贺五谷丰登、驱逐鬼邪瘟疫的意义。时至今日，我国许多地区仍然保留着喝腊八粥的习俗。

3.盂兰盆节

盂兰盆节，亦称"盂兰盆斋""盂兰盆会"，是每逢夏历七月十五日佛教信众为追荐祖先而举行的佛教节日。

相传中国最早举行盂兰盆会的是梁武帝，据《佛祖统记》卷三十七载，梁武帝亲临同泰寺，始设盂兰盆斋。而盂兰盆会也因此盛行起来。

天主教

天主教是随着集宁市的建成和发展，一些信仰天主教的群众迁入逐渐形成的。早年有些天主教信教群众在集宁购置地产，于1932年左右修建起一座可容三百人的铁皮瓦房顶教堂，天主教开始宗教活动，此处后来改为教会中学，宗教活动迁往桥东二马路。之后教会和修道院相继解散，直到"文化大革命"结束。党的十一届三中全会后，为落实党的宗教政策，1984年退还了二马路天主教房产，设立了宗教活动场所。后由于活动人数的增加和房屋年久失修、城市改造等原因，1992年政府批准迁址，在拔丝厂南修建天主教堂，1993年建成，信教群众在此过上正常的宗教生活。到2003年信教群众约有3600人左右。

活动场所：天主教五处，位于民建路、通州路、大十号村（前旗划归）圣家营(前旗划归)和麻盖(前旗划归)。

主要节日：

1.耶稣复活瞻礼

又称复活节，纪念耶稣被钉死在十字架后第三日复活的节日，象征着重生希望。时间在每年春分月圆后的第一个星期日。集宁的天主教堂在这一天都举行大礼弥撒。

2.圣灵降临瞻礼

据《新约圣经》记载，耶稣"复活"后第五十日差遣"圣灵"降临，教会规定这一天为圣灵降临的节日，因此又称"五旬节"。意味圣灵眷顾着教会和信徒。

3.圣母升天瞻礼

纪念圣母玛利亚"荣召升天"的节日，也称圣母升天节。日期为公历8月15日。

4.耶稣圣诞瞻礼

即圣诞节，纪念耶稣诞生的节日。日期为12月25日。12月24日午夜12时即25日零时在教堂举行子时弥撒。25日晨举行圣诞大礼弥撒。圣诞节期间，神职人员和信教群众互致祝贺，集宁天主教爱国会布置圣诞树，举办圣诞联欢会。

基督教

基督教在集宁建教堂传教，最早由传教士于1921年来集宁买地建堂传教的，地址在现第七中学至沙河之间；后又于20世纪20年代后期在九龙街和桥东北马桥买地建堂传教，直到中华人民共和国成立前，信教人数约200人左右。后来，于中华人民共和国成立初由信教群众自发组织在九龙街买了四间房做礼拜成立了"基督教聚会处"，信教群众开始在此聚会，至1955年停止。"文化大革命"时，房屋被占用。十一届三中全会后，为落实党的宗教政策，当地政府划拨桥东四马路46号一处房产（四间）做为活动场所，信教群众人数约300人左右。随着信教群众人数的增加和房屋失修，此处已无法举办宗教活动，1995年批准迁址改建，在北站北边修建基督堂，1997年建成使用，当时在此参加宗教活动的信教群众约700人左右。基督教聚会活动的主要内容有主日礼拜、唱诗、读经、祈祷、识字、受洗、圣餐等。

活动场所：基督教四处位于街北站通北街、桥西兴图巷、新区和东河路，信教群众约4000人。

主要节日：

1.圣诞节

圣诞节是基督教最重要的节日，为庆祝耶稣诞生，定于每年的12月25日为圣诞日。12月24日通常称为圣诞夜，一般教堂都要举行庆祝耶稣降生的夜礼拜等活动。

2.复活节

为纪念耶稣复活的节日。每逢复活节前后几日，集宁各教堂都举行丰富的礼拜活动，参加人数也很多。

3.受难节

受难节是纪念耶稣受难的节日。据《新约圣经》载：纪念耶稣被钉在十字架而死。

4.圣灵降临节

圣灵降临节，亦称"五旬节"。据《新约圣经》载：耶稣复活后第五十日差遣圣灵降临，门徒领受圣灵后开始向世界各地传播福音。

5.感恩节

教堂在感恩节这一天举行感恩礼拜，也举行聚会等。

伊斯兰教

集宁的伊斯兰教在20世纪初就随着回族的迁入而出现。1917年始建现在的清真大寺，位于桥西南地道上，后又于20世纪80年代初在桥西建国北四路建了一座小寺，在20世纪70年代末期约有信教群众2000人左右。

活动场所：清真寺四处，位于桥西朝阳街、建国北四路、来家地（前旗划归）和清真女寺，信教群众约4000人。

主要节日：

1. 开斋节

开斋节在伊斯兰教历10月1日。穆斯林在伊斯兰教历9月全月封斋，最后一天寻看新月（月牙），见月的次日即举行开斋节。此日穆斯林穿上整洁的服装，到清真寺参加会礼和庆祝活动，互致问候并馈赠礼品。家家户户炸馓子、油香等食品，赠送他人，同时对贫困者进行自愿施舍。

2. 宰牲节

宰牲节在伊斯兰教历12月10日。此日要举行会礼。庆祝活动以宰牲为主要内容。宰牛、羊、骆，感谢真主对人类的慈惠。宰牲节又叫做"古尔邦"节（阿拉伯语音译）。

3. 圣纪

圣纪在伊斯兰教历3月12日。这一天是穆罕默德的诞生纪念日，所以叫做"圣纪"。相传穆罕默德也逝世于3月12日，所以该日又叫做"圣忌"。中国穆斯林习惯将"圣纪"和"圣忌"合并纪念。这一天要举行集会，在清真寺集体诵经，赞颂穆罕默德，讲述"圣训"和穆罕默德生平事迹。

饮食文化

一个地方的饮食永远与当地盛产的农作物和农副产品有关。集宁是一座山城，郊区面积有限，以种植蔬菜为主，主要粮食作物多来自周边旗县。集宁地区气候干旱，多寒多风少雨，无霜期短，昼夜温差大，农业基础条件薄弱，农作物品种单一。多产杂粮（莜麦、小麦、谷子、黍子）、马铃薯等。集宁是乌兰察布市政府所在地，城区面积75平方公里，人口40多万，周边有察哈尔右翼前旗、察哈尔右翼中旗、察哈尔右翼后旗和四子王旗等蒙古族集中聚居地，所以，集宁饮食特点多受地域环境和民族习惯的影响，即地缘因素和人为因素的影响，形成了特有的饮食文化，蒙汉皆俱，相互交融，你中有我，我中有你，且各有千秋。

有句谚语说"民以食为天"，说明人们把吃看得与天一样重要。以至人们碰面，打招呼也离不开吃。"吃了没？""吃什么了？""中午吃什么？"等等。如果有一种文化，是把吃看得重于一切，那么，他们一定会把这种"吃"的功能发挥到极致。

在集宁，说饮食文化，当首推莜面文化。集宁的莜面堪称一绝，被人们称为"宝中宝"，可见其在人们心中的位置有多重要。当地人三两天吃不上莜面就心神不宁，胃口不振。游子归来要先吃上一顿莜面，一解多日相思之苦。外地人来了，也要让他们吃上莜面，一方水土，一方人情。客人品尝后皆赞不绝口，有的人竟现学做法，带上莜面，回去做给家人吃。

莜面的做法千般百样，有搓鱼鱼、推窝窝、擀囤囤、压饸饹、搅拿糕、炒傀儡、磨擦丸丸、碾刨渣、玻璃饺饺、下鱼子等数不胜数，样样精美可口，望之垂涎欲滴。

莜面做法已被列入非物质文化遗产，分为搓、推、擀、卷四大类，蒸、炸、氽、烙、炒五大系列，成品有40多种，单"蒸"这一种方式，就有窝窝、囤囤、饺饺、金棍、丸丸等17种之多。食用时可用蔬菜及辣汤、冷调、凉拌，也可用热羊肉汤、熟土豆拌吃。

从集宁走出去的本土女作家琴子在羊城漂泊六年，在北京打拼数年，回家探亲，一筷子长长的莜面鱼鱼，让她热泪盈眶，情思泉涌，写下了感人至深的诗篇《家乡饭》：

一筷子长长的莜面鱼鱼，
从岁月的那边拉到这边；
一团薄薄的莜面窝窝，
从起点回到终点。
红辣椒呛出的泪水，
从眼窝流到心窝；
葱花花调出的美味，
让舌尖又享受了一回。
一碗热腾腾的莜饭水，
化了无尽的思念，

莜面窝窝

暖了初秋的冷寒。

……

莜面是游子对家乡的惦念，是浪子对亲人的相思，是母亲的呼唤，是父亲的沧桑。集宁莜面美名扬，人人吃了记心上。

其次是炸糕文化。在集宁，人们盖房要吃上梁糕，乔迁要吃搬家糕，婚嫁要吃锣鼓糕，逢年过节更要吃节日糕，因"糕"与"高"同音，意喻步步登高，吉祥如意。小时候听大人们讲过一个笑话，说两老乡唠嗑，一个问，"你说皇帝每天吃啥饭？"另一个想了半天说，"咋哇不吃个油炸糕。"虽然是说笑，但足以说明油炸糕在集宁老百姓心中的位置。

在集宁，炸糕有"素糕""毛糕""脆炸糕"三种。素糕是把黍子去皮磨面，蒸成的糕，也叫"黄糕"；连皮磨面做成的糕为"毛糕"，也叫"黍子糕"；将素糕包上馅儿，入油锅炸，就叫"脆炸糕"，也有叫"油炸糕"的。

黄米是去了壳的黍子的果实，比小米稍大，颜色淡黄，煮熟后很黏；把黄米磨成面，即黄米面。黄米富含蛋白质、碳水化合物、B族维生素、维生素E等营养元素，炸糕色泽金黄，外脆里嫩，软黏滑润，适合热吃，凉了就会发硬，再吃的时候馏一下又是一个口感，也特别好吃。

任何一种食物的形成发展与它悠久的历史文化、独特的地理位置以及特有的气候条件密不可分。独到的烹饪技法承载着一道道特色美

莜面饺饺

食，洋溢着人们对美好生活的祝福，油炸糕就是其中之一。

还有就是蒙餐文化。在集宁，十几个少数民族中，蒙古族占的比例最多，加上受周边察哈尔文化的影响，蒙古族餐饮在集宁大有市场，也深受集宁区人民及来集宁参观、旅游、工作、学习人群的喜爱。在集宁，有蒙餐一条街，食客络绎不绝。

蒙古族饮食总体上分为查干伊德（白食，即奶食）、乌兰伊德（红食，即肉食）和宝日伊德（灰食，即米面粮食）三类。察哈尔蒙古族很早就熟练掌握了加工奶食品技术，在清代承担着供应皇宫内廷所需奶食品的任务。他们加工的"松胡茹达"（民间汉语音译为"松胡芦"），成为皇帝后妃们的专用奶食品而名扬天下。察哈尔奶食，以其干净美观、营养丰富、种类齐全、加工技术精湛而独树一帜，远近闻名。

奶食类 奶食类主要有奶皮、奶油、黄油、酸油、奶渣、酸奶、奶酒、马奶酒、酸马奶、奶茶等。奶食在蒙古语中叫"查干意德"，意为白色的食品，蒙古族以白为尊，视乳为高贵吉祥之物。如果夸你心地像乳汁一样洁白，你就得到了最高的奖赏。蒙古民族的食品之首便是奶食。奶食也被蒙古族视为珍品，每逢拜年、祝寿、招待宾客、喜庆宴会等首先以品尝奶食、敬献奶酒为最美好的祝愿，这是一种神圣的礼节。

肉食类 每年冬季小雪与大雪之间，蒙古族牧民家家户户都要进

奶食品

行冬储，俗称"卧羊"。每户少则宰杀数只羊、一头牛，多则几十只羊、数头牛，以备冬春夏季食用。其储存方法主要有剔块、腰背折叠、灌肚、晾肉条、晒肉块等。

当繁忙的冬储工作开始后，牧区的牧户们几乎同时进行"卧羊"。不管大家再忙，也要帮助缺少劳力的浩特乌苏（邻里）进行冬储。男子们打"外围"，剥羊皮、剔肉；妇女们搞"内勤"，和血、灌肠、煺毛肚；孩子们则打"零杂"，拉水、倒粪、拾羊砖。整个牧村忙忙碌碌，热热闹闹，炊烟袅袅，欢声不断。

羊肉是蒙古族最喜爱的肉食之一，它不但有驱寒补热的功效，也

是餐桌上的美味佳肴，又是生活中待人接物送去美好祝愿的象征。

他们宰牲畜取内脏剔肉时，非常忌讳乱割滥砍，讲究有条不紊地以骨节卸开，分类存放。如内脏分为：肝、心、肺、肚、胃、肾、脾、胰、腹膜等。骨节分为：头、蹄、颈、肋骨、胸椎、胸叉、脊椎、髋骨、肩胛骨、股骨、荐骨等。制作方法主要有：煮羊背、烤羊腿、手把肉等。另外还有可口的灌血肠和灌肉肠。

主要品种有牛肉干、手把肉、烤羊背、羊三肠，即肉肠、血肠、面肠等。

沙葱饺子就是将沙葱洗净切碎后，拌鲜奶渣子或碎羊肉，加盐等佐料拌成馅包饺子，其味鲜美可口。

蒙餐

野韭菜包子就是将采摘的野生韭菜洗净，拌以碎羊肉或拌鲜奶渣子成馅，用发酵后的面做包子食用，其味独特。烤蘑菇，就是将鲜蘑菇洗净，抹一些奶油及盐，在温火上烤熟食用，味鲜美。蘑菇汤，就是将鲜蘑洗净切成块和羊瘦肉一同熬汤食用，味道极佳。

集宁是一个各民族和睦相处，团结奋斗，共同繁荣的大家庭。如果用一个字来概括集宁的饮食文化，那就是"融"，食物相融，风俗相融，感情相融，民族相融。

服饰文化

与饮食文化一样，因受周边察哈尔右翼前旗、察哈尔右翼中旗、察哈尔右翼后旗和四子王旗等蒙古族居民生活习俗影响，在集宁，蒙古族服饰因其独特的民族风格、鲜明的民族特色倍加耀眼，极具代表性。

蒙古族服饰是中华服饰文化中的一块瑰宝，不论从款式上，还是从造形上，都有着非常强烈的民族特点和极高的美学价值。蒙古族服饰的发展变化，与其繁衍生息的草原地理、气候之间有着非常密切的内在联系，也与社会的变革和发展同步。察哈尔蒙古族服饰在用料上、制作工艺上、款式上以及穿着使用上，都体现了本部族的生活生产特

点。由于男女的分工不同，年龄段的不同，所以其服饰在性别上、年龄上是有很大区别的。

一、佩饰。分为头饰、耳饰、项饰、手饰、胸饰、腰饰六部分。

1. 头饰。俗称头戴，蒙古语称"陶勒盖伊甲斯勒"。一个盛装的蒙古族妇女，其头饰轻者有3—4斤，重者达10多斤。察哈尔的头饰主要有发箍、后屏、护耳、额穗、垂饰、簪钗、步摇、耳坠、珠链等饰件。

2. 耳饰。耳饰有耳环、耳坠、耳钉等。制作耳饰的材料有金银、宝石、玉石等。蒙古语对耳环耳坠均称为"额莫格"，称耳钉为"哈达额莫格"。耳环、耳钉多为未婚女子佩戴，而耳坠是已婚女子佩戴的饰物。

3. 项饰。项饰有项圈、项链、项珠等。项圈蒙古语叫"和吉古敖尼苏"，项链叫"扎色力音根吉"。过去蒙古族项饰与现代的项链不同，不是带在脖子上、放在内衣里，而是挂在衣领的外面，与胸饰连在一起，放在胸前。制作的工艺也比较粗大、厚重，只是在节庆时才戴。

4. 手饰。手饰有戒指、手镯、手链、扳指儿等。手饰材质很多，多为骨、金、银、紫铜、玉石、玛瑙、珍珠等。女子的手饰精巧、秀气、圆润，男子的手饰粗大、豪放、

有棱角。

5.胸饰。胸饰多由法轮加一对蝴蝶组成，即在圆形银佩上雕有轮形图案，中间镶嵌一颗大宝石，两边用银链子与一对蝴蝶相连。察哈尔妇女将其挂在奥吉（齐肩长褂）领口，垂在胸前，故称其为胸饰。

6.腰饰。腰饰包含腰带、荷包、褡裢、烟锅烟袋烟袋囊、鼻烟壶、火镰、蒙古刀和象牙筷、饰件、碗袋和银碗。

二、帽子和头巾。蒙古族的帽子，如同他们的服饰一样，是随着社会的进步逐渐改进和演变的，并非一成不变。在民国以前，察哈尔男女都戴帽子或头巾，冬季带耳套和围巾，这一点与别的地方有所不同。蒙古族的帽子种类很多，大概有几十种之多，就察哈尔地区而言，从古至今，男女帽子有固姑冠、风雪帽、圆顶立檐帽、圆顶卷檐帽，还有头巾等。

三、蒙古袍。蒙古袍是蒙古族的标志性服装之一，男女老幼都爱穿，蒙古语叫"德格乐"。察哈尔地区的蒙古袍，袍身宽大，袖子长，下端左右不分叉，领子较高，纽扣在右侧。领口、袖口、边沿常用漂亮的纹饰点缀。

蒙古袍分皮袍、棉袍、夹袍、单袍等几种。袖口多为马蹄形，蒙

古语叫"怒打日嘎"，平时向上翻起，冬天可放下来，防寒护手。

四、马褂。马褂，蒙古语叫"韩吉雅日"，是一种袍服外的短衣，衣长至脐，袖仅遮肘，主要是为了便于骑马，故称为马褂。

马褂的样式有琵琶襟、大襟、对襟等几种。马褂中有一种颜色不能随便使用，即黄色。黄马褂，是皇帝特赐的服装，普通老百姓是不能随便穿的。

五、坎肩。蒙古语叫"韩吉雅日"，是在元代短袖马褂的基础上演变而来的一种服饰，是蒙古长袍的一种外套。

最早的时候，坎肩是男人们在战场穿着的用来保护身体的衣服，在夹层里面包裹一些鱼鳞状的薄铁片，防止被箭射伤。后来逐渐演变为成年男女的一种外套，多用于宴会、喜庆时穿用。

六、奥吉。奥吉，是一种齐肩长褂，好似一种没有袖子的长袍。这种衣服只有已婚妇女才穿用，选料多用有金银花纹的黑、褐、深绿色缎子、库锦。奥吉没有袖子和领子，领口呈圆形。

察哈尔妇女在衣服外边常穿前后开衩的对襟式奥吉、坎肩或奥吉码格（比奥吉短，下摆大）。前襟腰节以上部位缝制对称的兜盖装饰，

肘关节外缝以环形状花纹，叫做"套海布其"。

七、裤子。裤子，蒙古语叫"喔木度"。察哈尔地区蒙古族穿的裤子，与汉族区别不大。有皮裤、棉裤、单裤、套裤等。牛羊倌、车倌等常

蒙古族服饰

在野外劳动的牧人，都要穿用老羊皮缝制的白茬皮袄、皮裤，因为其非常抗寒耐用。

八、袜子。袜子，蒙古语叫"艾木苏"。蒙古族牧民穿的袜子，也是随着时代的变迁和社会的发展发生着变化。最早的时候，人们为了御寒，穿的是用羊毛线织成的毛袜子，后来又学会了制成毡袜子，也有的牧人把牛羊的皮鞣软了，做成皮袜子穿。到了近代，机器加工的线袜子、丝袜子也进入了牧民的家，省去了手工制作的麻烦。

九、靴子。蒙古靴，蒙古语叫"高陶勒"。按制作材料可分为皮靴、毡靴、布靴三种。皮靴又可分为绵皮靴、单皮靴两种。

皮靴有高腰、低腰，一般多用牛皮革缝制，黑色的较多，个别也有紫红色，棕色。蒙古靴样式挺拔、秀气，年轻人尤其喜欢。蒙古靴，也称香牛皮靴，靴尖稍向上翘。北部察哈尔人都穿靴子，南部半农半牧区的妇女近代以后穿"分鼻子鞋"，蒙古语叫"素海"。

毡靴用羊毛模压而成，俗称"毡圪达"。毡靴靴底的外面用硬牛皮包裹，以增加其耐用性。靴帮的中间部分和靴腰的下部，用熟牛皮十字缠绕。

布靴蒙古语叫"布斯高陶勒"，用高级布料或大绒手工缝制，靴头和靴筒上往往以金丝线绣花。

十、摔跤服饰。摔跤服饰主要包括坎肩、围腰彩带、套裤、裙裤、搏克靴子、项环等。

1.坎肩式上衣蒙古语叫"昭德格"，多用香牛皮或鹿皮、驼皮制作，也有用粗帆布制作的。坎肩的里子是用结实的棉布制作。

2.围腰彩带蒙古语叫"拉布尔"，拉布尔是摔跤手围在腰间的带子，可将坎肩的下摆、套裤、裤带重叠裹紧，起到稳固腰部的作用。

3.套裤蒙古语叫"陶浩"，陶浩其实就是护膝，可以保护摔跤手的膝盖不被碰伤，同时也起到美观装饰的作用。

4.裙裤蒙古语叫"班吉拉"，是用十五六尺长的白绸子或各色绸料做成，宽大多褶。

5.搏克靴子与平时穿着的马靴不同，靴腰较粗大，靴体厚重结实，为了防止摔跤时靴帮开裂，还要用皮条将靴帮与靴底绑紧。

6.项环蒙古语叫"江嘎"，江嘎是专门奖给摔跤手的一种项环，是搏克手地位和荣誉的象征，其他人不可随意佩戴。

禁忌

1.头戴只有已婚女子才佩戴，未婚女子不可以佩戴。未婚女子的戒指戴在小指上，已婚女子戴在无名指上，不可乱戴。

2.夫妻之间、同辈的男女之间不交换鼻烟壶。

3.帽子是蒙古人认为不可亵渎的衣着，摘下后要放在高处，忌讳坐压、踩踏，更不能从帽子上跨过。忌讳触碰别人的帽子，不能随便戴用他人的帽子。

4.蒙古人视衣领为尊贵之物，不可践踏、跨越。折叠、存放或赠予他人袍服时，衣领、前襟必须向上，不扣扣子。忌穿无领的、无扣的蒙古袍。脱去袍子放置时，衣领要朝向西北方向，不能朝门。

5.给长辈或贵宾满茶、敬酒时，要将马蹄袖上卷。到别人家做客时，要穿戴整齐，不能把衣服的袖子挽起来，不能把袍子的衣襟散开而袒胸露颈，衣服的下摆不能从锅碗瓢盆上扫过。

6.奖励优秀摔跤手的江嘎，其他人不能随意佩戴。

7.喇嘛的帽子、服装等服饰穿着，都有一定的等级规定，不可以随意穿戴，特别是俗人更不可随意穿戴喇嘛的专用服饰。

婚庆习俗

婚嫁在人类生活中占有重要地位，随着时代的进步，人们观念发生转变，各地区各民族的婚庆习俗也不尽相同，但祝愿新婚夫妇爱情甜蜜，生活幸福的愿望是一致的。

一个地区的婚庆习俗是在当地独特的政治、经济、文化、社会环境下发展起来的，从古代、近代一路沿袭下来，不断地去粗取精，删繁就简。集宁婚俗形式日趋简化，主要包括定婚、会亲家、卯宴席、迎娶、举行婚礼、回门六道程序。

一、定婚：在旧婚俗中，中华人民共和国成立前，定婚先由媒人互传男女"命单"。命单是一个三寸长、二指宽的红纸条，一边写着"金银满堂"，另一边写着"福贵长命"，中间写着男（女）方的姓名、年龄、生辰、属相等内容。双方根据"命单"看大相是否相克，命运是否相合。若大体相合，命不相克，便可换帖。男女双方把姓名、年龄、住址等情况填在帖上，经媒人互相交换，即为"换帖"。换帖时男方要给女方带去点心、羊腿、烧酒之类的礼品，俗称"水礼"。同时要交付双方大人预先讲定的彩礼和部分衣物（彩礼多为银圆、衣物多为狐皮帽子及羊卷毛大衣或丝绸布料）。一旦换过帖，就不许赖婚、退婚。否则，就要受到社会舆论的谴责或官府的过问。交了彩礼换罢帖，定婚手续便算完成，即择日迎娶。

中华人民共和国成立后，革旧布新，定婚这个习俗被保留下来，但相命单、换帖等都已经逐渐退出历史的舞台。自由恋爱的男女，当双方决定结婚，会把双方父母邀请到一起，宣布他们的心意，这时男方会象征性地给女方一个定婚礼物，通常为首饰。也有男方给女方准备一定的彩礼和衣物等。新时期的年轻人追求男女平等，女方有时也会回赠男方礼物，出嫁时有陪嫁，钱物多少随家庭情况而定。这时的定婚仪式，程式简单，热闹大方，双方父母也不会过多干涉，一切尊重儿女的意见。

二、会亲家：过去叫"下茶"。就是在娶亲之前男方家和女方家最后敲定完婚的时间及相关事宜。男方父母会带上四色礼到女方家拜访，四色礼分别为烟、酒、糖、茶。礼物从繁至简，在现在已没有严格要求，大多数家庭也不会太在意，有时糖会用巧克力来代替。男方父母到女方家后，会受到热情招待，饭后磋商结婚日期及婚礼具体细节，达成一致意见后，各自准备。

三、卯宴席（男方）：婚礼前一天晚上男方父母宴请直系亲属和一部分关系十分好的朋亲，叫做"卯宴席"，可以算作婚礼的序曲。旧时婚礼叫做"铺床"。这天晚上男方家还要找新郎的妹妹"压喜床"，也就是在新床上睡一晚，之后才能由新人睡，意思为送子、辟邪。

参加卯宴席的人少就在家里举行，人多则在饭店举办，宾主围桌而坐，饭菜丰盛。整个过程是以两位家长为主，气氛喜庆热闹。

四、迎娶：男方家迎亲要安排几辆车组成迎亲车队，一般都是双数。婚车上面贴着大红的喜字，同时用鲜花装饰。车队代替了旧社会的花轿和吹鼓手。新郎也不再穿中式服装，而是穿西服。走时要吃上马饺子，新郎手捧一大束鲜花，通常是玫瑰和百合，代表爱情。

吃完上马饺子，迎亲队伍就出发了，成员主要包括：新郎、新郎的姐姐、姐夫。姐姐带一床新郎母亲新做的被子和新娘的衣物。被子、衣服的角角折折里必须放上崭新的人民币，伍圆、拾圆、二十圆、伍拾圆、壹佰圆不等，表示以后的生活一帆风顺，富足有余。姐夫则带上四色礼，四色礼为烟酒糖茶，还有"离娘馍馍""离娘肉"。"离娘馍馍"多以糕点代替，"离娘肉"是带有三根肋骨的肉，到女方家后，将肉留下，肋骨抽出带回。同时把带来的四色礼中的酒打开，把酒倒出，放进红豆，插入同根双枝葱，再由男方带回，意为"栽根立后"。

与此同时，女方家中也在做着准备，主要是招待迎亲队伍。当新郎及众人到女方家后，女方安排人陪着聊天喝茶。新郎要给新娘献花、穿鞋。而此时新娘则开始坐在带来的新被子上妆扮，身着西式的婚纱，鞋子则是带有中国特色的红色高跟鞋。新娘的弟弟给姐夫带胸花，新郎赠送红包。新娘首先要吃"翻身饼"，然后和新郎共吃一碗饺子，当地戏称"滚蛋饺子"，意为从此不再是娘家人了。吃完饺子后，新娘由新郎抱到车上，返回时，女方会派几个送亲，送亲人数必须与迎亲的人数相等，送亲车辆与迎亲车辆也必须相等，当然这在之前双方都商量好了。

在娶亲这个环节我们可以明显地看到西方婚俗对我国婚俗的影响，尤其体现在新郎新娘的着装和礼物上，实乃中西合璧。

五、举行婚礼：娶亲的车返回时不能顺原路走，意为不走回头路。沿路凡遇井盖必用红纸贴上，怕不洁。回到男方家后，新郎将新娘子从车内背回喜房中，在这段路程中会遭到很多人的为难和耍笑，新娘也会被人们抢去一些物品，如鞋子、袜子、胸花等，若想索回，需赠送红包。当新郎经过千辛万苦将新娘背回家里，新娘坐在喜床上的被子上，小姑子给嫂子端洗脸水，新娘象征性地洗一下手，赠送小姑子一个红包。中午在酒店宴请宾客，由总管代东主持。

1.新人入场：在主持人的介绍下，新人携手在婚礼进行曲中走向宾客前方的舞台。

2.父母入场：在主持人的介绍下，新郎父母携手在婚礼进行曲中走向宾客前方的舞台。

3.新人向父母鞠躬以表感谢。

4.新人改口：新娘开口叫爸妈，新郎父母赠送装有"改口钱"的红包。通常为1001元，意为千里挑一。

5.主持人宣布宴席开始。

六、回门：婚礼举行完后的第二天一早，女方家人来将新人接回。一般是舅舅来接。

传统节日
春节

春节，是农历正月初一，又叫阴历年，俗称"过年"。过年起源于殷商时期年头岁尾的祭神祭祖活动，是中国最隆重、最盛大、最热闹、最重要的一个古老而又传统的节日。在民间，传统意义上的春节是指从腊月初八的腊祭或腊月二十三、二十四的祭灶，一直到正月十五，其中以除夕和正月初一为高潮，元宵节最为热闹。

中国人民过春节已有四千多年的历史。随着时代的变化，春节活动也不断更新。春节的活动不但丰富多彩，且带有浓郁的民族特色。祭祀祖神、祭奠祖先、除旧布新、迎禧接福、祈求丰年一直是春节活动的主题，而有些习俗一直沿用至今。

扫尘："腊月二十四，掸尘扫房子"，据《吕氏春秋》记载，我国在尧舜时代就有春节扫尘的风俗。按民间的说法：因"尘"与"陈"谐音，新春扫尘有"除陈布新"的涵义，其用意是要把一切穷运、晦气统统扫出门。这一习俗寄托着人们破旧立新的愿望和辞旧迎新的祈求。每逢春节来临，家家户户都要打扫环境，清洗各种器具，拆洗被褥窗帘，洒扫庭院，掸拂尘垢蛛网，疏浚明渠暗沟。到处洋溢着欢欢喜喜搞卫生、干干净净迎新春的欢乐气氛。

贴春联：春联也叫门对、春贴、对联、对子、桃符等，它以工整、对偶、简洁、精巧的文字描绘时代新风，抒发美好愿望，是我国特有的文学形式。每逢春节，无论城市还是农村，家家户户都要精选一付大红春联贴于门上，为节日增加喜庆气氛。这一习俗起于宋代，在明代开始盛行，到了清代，春联的思想性和艺术性都有了很大的提高，梁章矩编写的春联专著《槛联丛话》，对槛联的起源及各类作品的特色都作了论述。

春联的种类比较多，依其使用场所，可分为门心、框对、横批、春条、斗方等。"门心"贴于门板上端中心部位；"框对"贴于左右两个门框上；"横批"贴于门楣的横木上；"春条"根据不同的内容，贴于相应的地方；"斗斤"也叫"门叶"，为正方菱形，多贴在家俱、影壁中。

贴窗花和倒贴"福"字：在民间人们还喜欢在窗户上贴上各种剪纸——窗花。窗花不仅烘托了喜庆的节日气氛，也集装饰性、欣赏性和实用性于一体。剪纸在我国是一种很普及的民间艺术，千百年来深受人们的喜爱，因它大多是贴在窗户上的，所以也被称其为"窗花"。窗花以其特有的概括和夸张手法将吉事祥物、美好愿望表现得淋漓尽致，将节日装点得红火富丽。

在贴春联的同时，一些人家要在屋门上、墙壁上、门楣上贴上大大小小的"福"字。春节贴"福"字，是我国民间由来已久的风俗。"福"字指福气、福运，寄托了人们对幸福生活的向往，对美好未来的祝愿。为了更充分地体现这种向往和祝愿，有的人干脆将"福"字倒过来贴，表示"幸福已到""福气已到"。民间还有将"福"字精描细做成各种图案，图案有寿星、寿桃、鲤鱼跳龙门、五谷丰登、龙凤呈祥等。

年画：春节挂贴年画在城乡也很普遍，浓墨重彩的年画给千家万户平添了许多兴旺欢乐的喜庆气氛。年画是我国的一种古老的民间艺术，反映了人民朴素的风俗和信仰，寄托着他们对未来的希望。年画，也和春联一样，起源于"门神"。随着木板印刷术的兴起，年画的内容已不仅限于门神之类单调的主题，变得丰富多彩，在一些年画作坊中产生了《福禄寿三星图》《天官赐福》《五谷丰登》《六畜兴旺》《迎春接福》等经典的彩色年画，以满足人们喜庆祈年的美好愿望。

守岁：除夕守岁是最重要的年俗活动之一，守岁之俗由来已久。最早记载见于西晋周处的《风土志》：除夕之夜，各相与赠送，称为"馈岁"；酒食相邀，称为"别岁"；长幼聚饮，祝颂完备，称为"分岁"；大家终夜不眠，以待天明，称曰"守岁"。

"一夜连双岁，五更分二天"，除夕之夜，全家团聚在一起，吃过年夜饭，点起蜡烛或油灯，围坐炉旁闲聊，等着辞旧迎新的时刻，通宵守夜，象征着把一切邪瘟病疫照跑驱走，期待着新的一年吉祥如意。这种习俗后来逐渐盛行，到唐朝初期，唐太宗李世民写有《守岁》诗：

"寒辞去冬雪，暖带入春风"。直到今天，人们还习惯在除夕之夜守岁迎新。

古时守岁有两种含义：年长者守岁为"辞旧岁"，有珍爱光阴的意思；年轻人守岁，是为延长父母寿命。自汉代以来，新旧年交替的时刻一般为夜半时分。

爆竹：中国民间有"开门爆竹"一说。即在新的一年到来之际，家家户户开门的第一件事就是燃放爆竹驱邪，以的爆竹声中除旧迎新。爆竹是中国特产，亦称"爆仗""炮仗""鞭炮"。其起源很早，至今已有两千多年的历史。放爆竹可以创造出喜庆热闹的气氛，是庆祝节日的一种娱乐活动，可以给人们带来欢愉和吉利。随着时间的推移，爆竹的应用越来越广泛，品种花色也日见繁多，每逢重大节日、喜事庆典及婚嫁、建房、开业等，都要燃放爆竹以示庆贺，图个吉利。

拜年：新年的初一，人们都早早起来，穿上最漂亮的衣服，打扮得整整齐齐，出门去走亲访友，相互拜年，恭祝来年大吉大利。拜年的方式多种多样，有的是同族长辈带领若干人挨家挨户地拜年；有的是同事相邀几个人去拜年；也有大家聚在一起相互祝贺，称为"团拜"。由于登门拜年费时费力，后来一些上层人物和士大夫便使用各贴相互投贺，由此发展出后来的"贺年片"。后来有了手机，人们开始用手机信息拜年，现在多用微信拜年。

春节拜年时，晚辈要先给长辈拜年，祝长辈长寿安康，长辈可将事先准备好的压岁钱分给晚辈，据说压岁钱可以压住邪祟，因为"岁"与"祟"谐音，晚辈得到压岁钱就可以平平安安度过一岁。压岁钱有两种，一种是以彩绳穿线编作龙形，置于床脚，此记载见于《燕京岁时记》；另一种是最常见的，即由家长用红纸包钱分给孩子们。压岁钱可在晚辈拜年后当众赏给，亦可在除夕夜孩子睡着时，由家长偷偷地放在孩子的枕头底下。现在长辈为晚辈分送压岁钱的习俗仍然盛行。

春节食俗：在古代的农业社会里，大约自腊月初八以后，家庭主妇们就要忙着张罗过年的食品了。因为腌制腊味所需的时间较长，所以必须尽早准备。糕和饺子是集宁人过年必备的食品。

蒸年糕，年糕因为谐音"年高"，再加上有着多种变化的口味，几乎成了家家必备的应景食品。年糕的式样有方块状的黄、白年糕，象征着黄金、白银，寄寓新年发财的意思。

过年的前一夜叫"除夕"，也是中国人的团圆夜，离家在外的游子都要不远千里赶回家来，全家人要围坐在一起包饺子过年。饺子象征团聚合欢，又取更岁交子之意，非常吉利。饺子形似元宝，过年时吃饺子，也带有"招财进宝"的意思，一家老少聚在一起包饺子，话新春，其乐融融。

元宵节

农历正月十五是元宵节。又称上元节、元夜、灯节。相传，汉文帝为庆祝周勃于正月十五戡平诸吕之乱，将正月十五定为元宵节，这一夜就叫元宵。每逢此夜，必出宫游玩，与民同乐。隋、唐、宋以来，更是盛极一时。《隋书·音乐志》记载，"每当正月，万国来朝，留至十五日于端门外建国门内，绵亘八里，列戏为戏场"，参加歌舞者足达数万，从昏达旦，至晦而罢。随着社会和时代的变迁，元宵节的风俗习惯早已有了较大的变化，但至今仍是中国民间传统节日。

吃汤圆：吃"汤圆"是元宵节的一项重要习俗。汤圆，又名"汤团""元宵"。吃汤圆的风俗始于宋代，当时的汤圆称"浮圆子"，亦称"汤圆子""乳糖圆子""汤丸""汤团"，生意人则美其名曰："元宝"。宋元时，汤圆已成为元宵节的应节食品，所以人们又称它为"元宵"。

猜灯谜：观灯是元宵节的一个重要项目。灯谜是元宵灯节派生出来的一种文字游戏，也叫灯虎。将谜面贴在花灯上供人猜，谜底多着眼于文字意义，并有谜格24种，常用的有卷帘、秋千、求凤等格，已

元宵灯会

形成了一种独特的民俗文化。

赏花灯：汉明帝永平年间，因明帝提倡佛法，适逢蔡愔从印度求得佛法归来，称印度摩喝陀国每逢正月十五，僧众云集瞻仰佛舍利，是参佛的吉日良辰。汉明帝为了弘扬佛法，下令正月十五夜在宫中和寺院"燃灯表佛"。此后，元宵放灯的习俗就由原来只在宫廷中举行而流传到民间。即每到正月十五，无论士族还是庶民都要挂灯，城乡通宵灯火辉煌。

踩高跷：踩高跷是民间盛行的一种群众性技艺表演。据说踩高跷这种形式，原来是古代人为了采集树上的野果为食，给自己的腿上绑两根长棍而发展起来的一种跷技活动。表演者不但以长木缚于足行走，还能跳跃和舞剑。高跷分高跷、中跷和跑跷三种，最高者一丈多。据古籍中记载，古代的高跷皆属木制，在刨好的木棒中部做支撑点，以便放脚，然后再用绳索缚于腿部。

表演者脚踩高跷，可以作舞剑、劈叉、跳凳、过桌子、扭秧歌等动作。北方的高跷秧歌中，扮演的人物有渔翁、媒婆、傻公子、小二哥、道姑、和尚等。表演者扮相滑稽，能唤起观众的极大兴趣。南方的高跷，扮演的多是戏曲中的角色，关公、张飞、吕洞宾、何仙姑、张生、红娘、济公、神仙、小丑皆有。他们边演边唱，生动活泼，逗笑取乐，如履平地。

舞狮子：舞狮子是我国优秀的民间艺术，每逢元宵佳节或集会庆典，民间都以狮舞前来助兴。这一习俗起源于三国时期，南北朝时开始流行，至今已有一千多年的历史。唐代时狮舞已成为盛行于宫廷、军旅、民间的一项活动。在一千多年的发展过程中，狮舞形成了南北两种表演风格。北派狮舞以表演"武狮"为主，即魏武帝钦定的北魏"瑞狮"。小狮一人舞，大狮由双人舞，一人站立舞狮头，一人弯腰舞狮身和狮尾。

舞狮人全身披包狮被，下穿和狮身相同毛色的绿狮裤和金爪蹄靴，人们无法辨认舞狮人的形体，它的外形和真狮极为相似。引狮人以古代武士装扮，手握旋转绣球，配以京锣、鼓钹、逗引瑞狮。狮子在"狮子郎"的引导下，表演腾翻、扑跌、跳跃、登高、朝拜等技巧，并有走梅花桩、窜桌子、踩滚球等高难度动作。

古人将它当作勇敢和力量的象征，认为它能驱邪镇妖、保佑人畜平安。所以人们逐渐形成了在元宵节时及其他重大活动里舞狮子的习俗，以祈望生活吉祥如意，事事平安。

集宁区委、政府把精神文明建

狮子舞

设与传统节日紧密结合起来，借元宵节这个平台，全面推进群众性精神文明创建活动，在正月十五这一天，隆重举办"虎山春"群众文化活动汇演。这一天集宁万人空巷，演出现场锣鼓喧天，彩旗飘扬，欢声雷动，盛况空前。目前，集宁"虎山春"群众文化活动已连续举办三十多届。

二月二

二月二是春节的收尾日，俗称龙头节，又称青龙节，是汉族传统节日。二月二，龙抬头。相传二月初二是轩辕黄帝出生的日子。说龙头节最早起源于伏羲氏时代，伏羲"重农桑，务耕田"，每年二月初二"皇娘送饭，御驾亲耕"。传说龙能行云布雨、消灾降福，象征祥瑞，

所以以各种与龙相关的民俗活动来祈求平安和丰收就成为全国各地汉族的一种习俗。

明清时把这天称之为"龙抬头"的日子，因为农历二月初二正值"惊蛰"节气前后。蛇、蚯蚓、青蛙等很多动物，一到冬天便进入了不吃不喝不动的冬眠状态，这便是"入蛰"了。等到了二月二前后，天气渐暖，一些昆虫动物好似被春天的阳光和春雷从睡梦中惊醒了一般，因此这一节令名为"惊蛰"。百姓传说中的大龙实际是没有的，那种龙就是在蛇、蚯蚓等动物形象的基础上，我们祖先想象加工出来的。二月初二前后，春回大地，人们期望龙出头，镇住一切有害的毒虫，期望着丰收。这就是"二月二，龙抬头"的说法。

"二月二"也是农村的农事节。农谚曰:"二月二龙抬头,大家小户使耕牛。"但也有一些地方春旱较严重,春雨贵如油。倘春雨充沛,预示着一年的大丰收。所以又有农谚道:"二月二龙抬头,大仓满小仓流。"二月二还是人们理发的日子。俗话说"有钱没钱剃头过年",所以,人们在过年前都把头发理得清清爽爽。坊间流传正月理发妨舅舅,所以正月里,人们一般都不理发。二月二这一天是龙抬头日,也是人们的理发日,取龙不抬头我抬头之意。

清明节

2006年,清明节被列入第一批国家级非物质文化遗产名录。清明节也是我国的一个传统节日,距今已有2500多年历史,古时又叫踏青节、三月节、祭祖节、扫墓节、扫坟节、植树节等。公历四月五日前后为清明节,是二十四节气之一。在二十四个节气中,既是节气又是节日的只有清明。虽然各地习俗不尽相同,但扫墓祭祖、踏青郊游是基本主题。

据传,清明节始于古代帝王将相"墓祭"之礼,后来民间亦相仿效,于此日祭祖扫墓,历代沿袭而成为中华民族一种固定的风俗。

在集宁的老虎山生态公园,有一座20米高的革命烈士纪念碑耸立在山顶,碑上八个镏金大字——"人民英雄永垂不朽",为纪念在集宁战役中牺牲的烈士而立。集宁战役纪念馆也坐落在这个公园内。这里又被乌兰察布市列为爱国主义教育基地,1988年3月被列为内蒙古自治区重点烈士纪念建筑物保护单位,2009年,国务院批准为全国重点烈士纪念建筑物保护单位。

清明前后,集宁区的广大市民、学生、工人、干部都会自觉来到这里,向烈士敬献鲜花,缅怀烈士的丰功伟绩。宣传部、文明办、团委、妇联等单位也会适时开展丰富多彩的纪念活动,深切缅怀革命先烈,传承红色革命文化,弘扬爱国主义精神,进一步坚定不忘初心、开创未来的信心。

端午节

农历五月初五端午节,是我国的传统节日之一。端午亦称端五,"端"的意思和"初"相同,称"端五"也就如称"初五";端五的"五"字又与"午"相通,按地支顺序推算,五月正是"午"月。又因午时为"阳辰",所以端五也叫"端阳"。五月五日,月日都是五,故称重五,也称重午。

关于端午节的来历,时至今日至少有四五种说法。史料记载,公元前278年，农历五月初五，楚国大夫、爱国诗人屈原听到秦军攻破楚国都城的消息后，悲愤交加，心如刀割，毅然写下绝笔《怀沙》，抱石投入汨罗江，以身殉国。沿江百姓纷纷引舟竞渡前去打捞，沿水招魂，并将粽子投入江中，以免鱼虾蚕食他的身体。这一习俗绵延至今，已有两千多年。端午习俗南北方不同，因地域环境差异，各有特色。

佩香囊带五彩绳：端午节人们佩香囊和戴五彩绳，传说有避邪驱瘟之意，实际是用于襟头点缀装饰。香囊内有朱砂、雄黄、香药，外包以丝布，清香四溢，再以五色丝线弦扣成索，作各种不同形状，结成一串，形形色色，玲珑可爱。五彩绳则是用各种色彩的绳子编成手链。

悬艾叶：民谚说："清明插柳，端午插艾。"在端午节，人们把插艾作为重要内容之一，家家都洒扫庭除，以艾条插于门眉，悬于堂中。用以驱瘴。艾，又名家艾、艾蒿。它的茎、叶都含有挥发性芳香油。它所产生的奇特芳香，可驱蚊蝇、虫蚁，净化空气。中医学上以艾入药，有理气血、暖子宫、祛寒湿的功能。将艾叶加工成"艾绒"，是灸法治病的重要药材。

吃粽子凉糕："粽子香，香厨房。艾叶香，香满堂。桃枝插在大门上，出门一望麦儿黄。这儿端阳，那儿端阳，处处都端阳"。

这是旧时流行甚广的一首描写过端午节的民谣。总体上说，各地人民过端午节的习俗大同小异，而端午节吃粽子凉糕，古往今来，中国各地都一样。如今的粽子更是多种多样，璀璨纷呈。现今各地的粽子，一般都用箬叶包糯米，但内含的花色则根据各地特产和风俗而定，著名的有桂圆粽、肉粽、水晶粽、莲蓉粽、蜜饯粽、板栗粽、辣粽、酸菜粽、火腿粽、咸蛋粽等等，人们吃的最多的还是红枣粽。

吃茶蛋：端午节要煮茶蛋和盐水蛋吃。在鸡蛋的蛋壳上涂上红色，用五颜六色的网袋装着，挂在小孩子的脖子上，意为祝福孩子逢凶化吉，平安无事。

祭敖包

祭敖包是蒙古族隆重的祭祀之一，也是蒙古族最为热烈而又普遍的祭祀活动，每年的农历五月十二日、十三日是牧民的祭敖包日。集宁是一个多民族聚居的城市，各民族和睦相处，所以很多人也参加到祭敖包的行列中来，一同祈求赐福和护佑。

敖包一般均建于地势较高的山丘之上。多用石块堆积而成，也有的用柳条围筑，中填沙土。一般呈

祭敖包

圆包状或圆顶方形基座。上插若干幡杆或树枝，上挂各色经旗或绸布条。包内有的放置五谷，有的放置弓箭，有的埋入佛像。敖包的大小、数量不一。一般的多为单个体，也有7个或13个并列构成敖包群的，中间的主体敖包比两侧（或周围）的要大些。敖包修建以后附近的居民每年都要到这里祭拜，祈祷人畜兴旺。

祭祀非常隆重、热烈。方圆几十里、上百里远的人们，一般以牧民为主，或赶着勒勒车，或骑马，或乘车带着哈达、整羊肉、奶酒和奶食品等祭品赶来敖包处。献上哈达和供祭品，再由喇嘛诵经祈祷，众人跪拜，然后往敖包上添加石块或以柳条进行修补，并悬挂新的经幡、五色绸布条等。最后参加祭祀仪式的人都要围绕敖包从左向右转三圈，祈求降福，保佑人畜两旺，并将带来的牛奶、酒、奶油、点心、糖块等祭品撒向敖包，然后在敖包正前方叩拜，将带来的石头添加在敖包上，并用柳条、哈达、彩旗等将敖包装饰一新。

祭典仪式结束后，举行传统的赛马、射箭、投布鲁、摔跤、唱歌、跳舞等文体活动。有的青年男女则偷偷从人群中溜出，登山游玩，倾诉衷肠，谈情说爱，相约再见的时日。这就是所谓的"敖包相会"了。

中秋节

中秋节，俗称八月十五，是中国传统节日之一，为每年的农历八月十五，也是我国仅次于春节的传统节日。

八月十五的月亮比其他几个月的满月更圆，更明亮，所以又叫做"月夕""八月节"。此夜，人们仰望天空如玉如盘的朗朗明月，自然会期盼家人团聚。远在他乡的游子，也借此寄托自己对故乡和亲人的思念之情。所以，中秋节也称"团圆节"。中秋节的一切习俗都是围绕"月"进行的，所以也称"月节""月夕""追月节""玩月节""拜月节"；在唐朝，中秋节还被称为"端正月"。

我国从古代就有"秋暮夕月"的习俗。夕月，即祭拜月神。集宁人也沿袭了这一习俗，每逢中秋佳节，游子归家，亲人团聚，享团圆之乐，叙思念之情，品丰盛美食。皓月当空之时，设大香案，摆上月饼、西瓜、苹果、红枣、李子、葡萄等供品，其中月饼和西瓜是绝对不能少的。西瓜还要切成莲花状。在月光下，将有月亮神像的月饼放在月亮的那个方向，全家人依次拜祭月亮，然后由当家主妇切开团圆月饼。切的人预先算好全家共有多少人，在家的，在外地的，都要算在一起，不能切多也不能切少，大小要一样。

"月饼"一词最早见于吴自牧的《梦粱录》中，后来人们逐渐把中秋赏月与品尝月饼结合在一起，寓意家人团圆。"八月十五月正圆，中秋月饼圆又甜"。过去，人们没钱买月饼，日子好过的烙三油三糖（每斤白面放三两油、三两糖）的，还有"满油糖"（每斤白面放四两油、四两糖）的月饼，日子差些的烙二油糖（每斤白面放二两油、二两糖）的，其他的还有提浆月饼、翻毛月饼、混糖包馅月饼等。

一个大大的平底锅，放在灶上，上面一个大大的盖子，用杠杆撑起来，盖子上面堆上炭，笼上火，下面烙，上面烤，饼放进去，十几分钟就出锅了，这叫打月饼。因为人多锅少，打月饼要排队，有时候等一天也等不上，夜里正睡得香甜的时候被父母喊醒，被窝里吃上一个热热乎乎的月饼，那滋味美的真是没法用语言形容。早些年在集宁，一进八月，路边就有搭棚子打月饼的，那红红的灶火，滋滋的油香，甜甜的空气，浓浓的节日气氛，走在街上人就醉了，现在没有那样的场面了，烙月饼改为用电烤，月饼品种越来越多，油糖越来越满，却吃不出那时候的香甜味道。

中秋节还有一道美味，那就是羊肉。有道是"八月羊肉赛人参"。中秋节期间，正是周边农村牧区草丰羊肥的季节，羊肉就成了集宁人餐桌上的美味佳肴。"八月十五"，无论贫富，家家都要吃羊肉，包羊肉馅饺子，现在的年轻人，还在月光下架起烤炉，烤羊肉串，赏月，饮酒，叙旧，"起舞弄清影，何似在人间"。

重阳节

重阳节，农历九月初九，二九相重，称为"重九"。汉中叶以后的儒家阴阳观，有六阴九阳之说。九是阳数，固重九亦叫"重阳"。民间在该日有登高的风俗，所以重阳节又称"登高节"。还有重九节、茱萸节、菊花节等说法。

重阳节有一个美丽的神话传说，相传在东汉时期，汝河有个瘟魔，只要它一出现，天天有人丧命，这一带的百姓受尽了瘟魔的蹂躏。

一场瘟疫夺走了青年恒景的父母，他自己也因病差点儿丧了命。病愈之后，他辞别了心爱的妻子和父老乡亲，决心出去访仙学艺，为民除掉瘟魔。恒景四处访师寻道，访遍各地的名山高士，终于打听到在东方有一座最古老的山，山上有一个法力无边的费长房，恒景不畏艰险和路途的遥远，磨破了无数双

鞋，翻过了无数座山，终于找到了那座高山，找到了那个有着神奇法力的费长房。仙长为他的精神所感动，收留了恒景，并且教给他降妖剑术，还赠他一把降妖宝剑。恒景废寝忘食苦练，终于练出了一身非凡的武艺。

这一天费长房把恒景叫到跟前说："明天是九月初九，瘟魔又要出来作恶，你本领已经学成，应该回去为民除害了。"他送给恒景一包茱萸叶，几盅菊花酒，并且密授避邪用法，让恒景骑着仙鹤赶回家去。

恒景告别仙长回到家乡，在九月初九的早晨，按仙长的叮嘱把乡亲们领到了附近的一座山上，发给每人一片茱萸叶，一盅菊花酒，做好了降魔的准备。中午时分，随着几声怪叫，瘟魔冲出汝河，但是瘟魔刚扑到山下，突然闻到阵阵茱萸奇香和菊花酒气，便戛然止步，脸色突变，这时恒景手持降妖宝剑追下山来，没几个回合就把瘟魔刺死剑下。从此九月初九登高的风俗年复一年地流传下来。梁人吴均在《续齐谐记》一书中曾有记载。

除此之外，九月初九"九九"谐音是"久久"，有长久之意，所以人们常在这一天举办敬老活动。

20世纪80年代起，为了在全社

会树立尊老、敬老、爱老、助老的风气，有识之士建议把每年的农历九月初九定为"老年节"。全国人大常委会通过新修订的《老年人权益保障法》，明确了每年农历九月初九为老年节。

重阳节有很多习俗，而集宁人多喜欢登高。因为九月初九正值仲秋时节，集宁地区秋高气爽，天高云淡，万类霜天，层林尽染，美景如画，正是人们出外郊游的最好时机。这一天，子女们请上老人，带上孩子，登高望远，享受天伦，品尝美味，其乐融融。

腊八节

腊八节，俗称"腊八"，是指农历腊月初八这一天。常听人们说"过了腊八就是年"，意思是一年一年过得很快。在集宁，有腊八节吃腊八粥、泡腊八蒜的习俗。

有关腊八粥的传说很多：相传老两口过日子，吃苦耐劳，持家节俭，攒下一笔大家业，可是独生儿子却不争气，娶个媳妇也不贤惠，很快就败了家业，到了腊月初八这一天，小两口冻饿交加，幸好有邻居接济，煮了一锅大米、面块、豆子、蔬菜等混在一起的"杂合粥"。意思是："吃顿杂合粥，教训记心头。"这顿粥让小两口改掉了恶习，走上正道，自此勤俭持家，日子一天天好起来。

现在想来，老人讲这个故事，就是以此故事为警戒，从小就养成良好的生活习惯，做一个正直有为的人，不要成为败家子儿。

困难时期，人们吃腊八粥很简单，就是先把米（小米、黄米、大米、江米等）在锅里煮一下，断生后捞出，把红豆煮好，在笼里放上笼布，把煮好的米均匀地铺在笼布上，再放上红豆、麦子等，然后上锅蒸熟即可。现在条件好了，一般用江米，辅料各式各样，红枣、葡萄干、花生仁、核桃仁、芝麻、冰糖、蜂蜜、青红丝等，一般选用八种材料，所以也有人叫八宝粥。腊八粥须在太阳出山之前吃，老人们说是怕得红眼病。其实是督促人们早起，勤劳致富。

集宁人在腊月初八这天有用醋泡蒜的习俗，叫"腊八蒜"。泡腊八蒜用紫皮蒜和米醋，将蒜瓣去老皮，浸入米醋中，装入小坛封严，至除夕启封，由于醋的浸泡，蒜瓣湛青翠绿，蒜辣醋酸香融在一起，扑鼻而来，春节前后，就着腊八蒜和醋吃饺子、拌凉菜，味道十分好。

名优特产

HUASHUONEIMENGGUJiningqu

名 优 特 产

MINGYOUTECHAN

二十世纪七八十年代闻名遐迩的熊猫皮件、纳尔松白酒、卫星焊条在新世纪焕发新生，炒米奶茶手把肉、莜面土豆油炸糕，风味美食蜚声长城内外。

集宁皮件

说起集宁要是不提集宁皮件，那就好比看电影没声，炒菜没盐，搬家丢了媳妇儿，十分没有滋味。

"中国集宁，草原皮都"，这句脍炙人口的广告词在中华大地传播开来，家喻户晓，妇孺皆知。

中央电视台《华夏文化之旅》栏目的记者专门走访了集宁，作了一期叫《走进集宁》的节目，其中"草原皮都"占了一半的篇幅。记者对集宁的皮件、皮革事业充满了赞誉，信心百倍地告诉人们："集宁皮件货真价实，物美价廉，品种繁多，前景无限。"

"熊猫"皮衣

集宁市皮件厂的前身是上海成都皮件厂。1956年，上海对资产阶

集宁国际皮革城

级工商业实行改造时把由皮革小业主组成的上海公私合营皮件厂整合后更名为上海成都皮件厂。1960年，上海成都皮件厂作为支边项目迁来集宁，改名为集宁市皮件厂。

1961年9月，经原乌兰察布盟行政公署和原市工业局研究决定投资8万元对集宁皮件厂进行基础建设，到10月末，集宁市皮件厂皮件、下料、小五金车间和办公室、库房等基础设施建成并投入使用。至此，占地1600平方米的集宁市皮件厂开始了它不凡的使命。

在筹备基建的同时，厂领导就着手组织技术骨干分组研制皮革，设计皮衣，到10月1日，集宁市皮件厂自己制革、自己设计加工的第

一批"熊猫"牌皮衣诞生了，这是集宁皮件厂干部职工向祖国十一周年国庆献上的一份大礼，它结束了内蒙古自治区这个全国皮毛基地不能加工生产皮衣的历史。当年年末，集宁"熊猫"牌皮衣创产值35万元，在挣钱以十为单位来计算的年代，这个数字无疑是十分可观的，是天文数字。

1964—1966年，集宁市皮件厂隶属内蒙古皮革公司管辖，期间该厂开始了制革的科研攻关和出口皮夹克的加工制作。

1965年，皮件厂开始自制服装革，生产出口夹克，并于次年获得天津口岸出口产品免检信誉。到1966年，已成批量生产，完成了

12354 件皮革服装，实现产值 72.48 万元。

1974 年底，皮件厂贷款筹资 30 多万元，上级逐步投资 60 多万元，对原有制革车间进行了扩建，新建车间 2800 平方米、自制转鼓 16 台、刮油机 2 台、购置片皮机 1 台、削匀机 2 台、伸展机 2 台，并配套了两台大型工业蒸汽锅炉，使制革的年生产规模由迁厂时的 0.0263 万平方米发展到 5—6 万平方米。

1984 年，皮件厂生产的绵羊皮皮革服装在全国服装质量评比中被评为一类产品第一名，山羊皮皮革服装被评为一类产品第二名，同年，山羊皮服装被评为全国轻工业优质产品。

集宁市皮件厂以生产皮夹克为主的"熊猫"牌系列皮革服装，轻薄柔软，色泽和谐、自然，手感丰满、滑爽，富有弹性，无异味，不皱折，不掉色，款式多样，年年创新，深受消费者喜爱。该产品从 1963 年开始出口，享有口岸免检信誉，产品远销欧洲、北美、亚太等 30 多个国家和地区。自 1984 年以来，在全国同行业评比中名列前茅，蝉联国家轻工部和自治区优质产品称号。1990、1991 年连续两年获国际博览会银奖。1992 年被全国消费者协会和《消费时报》评为"全国最受消费者欢迎的轻工产品"，1993 年获得"全国产品质量信誉杯"。1994 年被中国皮革工业协会评为"真皮标志产品"。1995年被自治区人民政府命名为自治区皮革行业中唯一的"内蒙古名牌产品",列入自治区"512名牌战略"。同年10月,"熊猫"牌女式皮夹克在第五届国际皮革展览会暨中国真皮标志产品展览会上荣获设计二等奖。

"熊猫"牌皮衣让集宁皮件声名鹊起,蜚声中外。

皮件一条街

俗话说"近水楼台先得月",在集宁市皮件厂和"熊猫"品牌皮衣的带动下,许多精明的个体工商户发现了商机,在集宁皮件厂附近搞起了皮革皮件加工。人们看到有利可图,便纷纷加入。一家带动一家,一户带动几户,很快就形成了市场,形成了规模。

1993年,政府统筹规划,将原皮件厂所在的幸福大街中段改造为"皮件一条街"。皮件一条街南起解放街路口,北至恩和街路口,两翼向民建街延伸,约600延长米。当时的皮件一条街生意红火,集加工、批发、零售、服务为一体,是当时内蒙古自治区乃至全国最大的皮件市场。集宁也因此被称为"北方皮都",曾连续举办了五届中国北方皮件节。到了1998年,集宁及周边地区从事皮革皮件加工的个体工商户达到5000多家,从业人员3万多人,还在集宁二马路形成了另一条皮鞋一条街,城区周边出现了8个皮件加工专业村,形成了辐射京、津、晋、冀、内蒙古方圆1000公里的销售半径,2011年实现销售收入5亿多元。

集宁区委、政府又适时启动了皮件工业园区项目,先后引进了年加工皮具400万件的河北益升皮具公司,年加工高中档裘皮服装2万件、尼克服3万件的河北辛集宏发制革公司等。到2012年,集宁区从事以皮手套加工为主的小皮件生产经营户达230多户,从业人员1.2万余人,每年加工小皮件5000万双(件)以上,销售收入达2.5亿元。

皮件一条街的建设带动了整个皮件产业的发展,皮件工业园区的建成为集宁皮件产业的发展插上了翅膀,至此,集宁的皮件产业形成了产供销一条龙的发展格局。皮件一条街用自己特有的"小皮件"撑起了集宁皮件产业这个"大市场"。

集宁国际皮革城

集宁国际皮革城坐落于草原皮都乌兰察布商业核心区,由内蒙古恒信精功投资有限责任公司和天津鑫刚集团共同投资建设,由乌兰察布市集宁国际皮革城有限公司管理、运营。项目总投资12亿元,占地300亩,建筑面积25万平方米,建设有 2000 个标准商铺。配套建有 25 万平方米的餐饮、住宿、娱乐、购物、休闲综合服务区。

集宁国际皮革城可容纳 2000 多家皮革专业商户，主营"六大品类"，涵盖皮衣、裘皮、箱包、皮鞋、饰品、毛绒，此外还配套了仓储、展示、餐饮、办公等设施，是集购物、休闲、娱乐为一体，满足各种消费群体需求的大型现代化皮革潮流购物广场。皮革城以集宁为中心，辐射包括北京、天津、河北、山西、内蒙古等近 2 亿的消费人群，成为北方地区最大的、最专业的皮革销售集散地，华北地区单体量最大的皮革购物中心。商城先后被授予"国家 AAAA 级旅游景区""全国最受欢迎专业市场""国家五星级专业市场"等称号。

"放水养鱼、欲取先予"，集宁区对皮件产业的孵化力度让人敬佩。全国皮革强势发展，让集宁国际皮革城占到了"天时"；优越的区位、交通和丰富的资源优势，让集宁国际皮革城享受了"地利"；政企合作，强强联合，再加之全国皮革商户寻求潜力市场的资本扩张，又让集宁国际皮革城获得了"人和"。天时、地利、人和，多重优势的配对和叠加，使集宁国际皮革城声名鹊起，一铺难求。

纳尔松酒业

这里是辽阔肥沃的大草原；这里是牛马羊群的天然牧场；这里是中国马铃薯的故乡；这里是久负盛名的中国草原皮都；这里也是盛产琼浆玉液的大缸房，据传这里有着近八百年的白酒酿造历史。如今，纳尔松酿业有限公司坐落于乌兰察布市集宁区的纳尔松河畔，曾经数不清的酿酒缸房散落在这草原的茶马古道上。当地曾经流传着一句"自古佳酿河中流，醉倒龙虎卧山头"的顺口溜，追其渊源，竟源自元朝成吉思汗三太子窝阔台的一段感人心扉的故事。

光阴荏苒，沧桑巨变。历史穿越了元明清，经历了民国到抗日战争、解放战争，大踏步地进入了 1949 年中华人民共和国成立的伟大时代。纳尔松酿业有限公司的前身集宁制酒厂就是建立在这一年。风风雨雨 30 多年的集宁制酒厂以红薯、蜜枣、高粱、玉米等原料先后生产普通白酒。到了 1979 年，在酿酒专家沈怡方先生的带领下研制成功了纳尔松酒，1984 年在轻工部举行的酒类质量大赛上，"53°纳尔松"酒荣获优质产品铜杯奖，并以美酒佳酿闻名遐迩。

1999 年，该酒厂转制为民营企业，在白酒行业著名企业家穆勇的带领下，坚持改革创新发展的经营理念，企业得到强势发展。2009年在集宁新区征地135亩，新建了原浆白酒生产基地。其中年产5000吨清香型白酒车间采用集航吊、风能冷却等国内一流生产设备；年产2000吨芝麻香型白酒，是国内少数生产芝麻香型白酒的基地之一。公司资产总额1亿元，员工五百余名，拥有各类技术人员六十余名。公司在白酒的研制开发、品评、理化分析等方面有很强的实力，成品酒均以优质高粱、小麦等为主要原料，延用传统工艺和现代科技精酿而成，并由中国白酒专家组副组长于桥老先生亲手把关产品质量。公司被评为乌兰察布市农牧业产业化重点龙头企业，"纳尔松"被内蒙古商务厅认定为内蒙古"老字号"，纳尔松酒工艺被列为自治区自主知名品牌，纳入乌兰察布市"非物质文化"遗产名录，企业被内蒙古银行协会评为贷款诚信企业，屡获"重合同、守信誉""消费者信得过产品"等荣誉，并通过ISO90001国际质量体系认证，成为乌兰察布市可持续发展的中型企业，跨入西部地区上规模的白酒厂家之一。

纳尔松是蒙古语，译为青松不老。纳尔松酒源远流长，成为内蒙古大草原的极品，是无污染、无公害大草原的厚礼。

纳尔松郭勒河与酒：人们说纳尔松郭勒河孕育了美酒纳尔松，那么我们就先从纳尔松郭勒河的来历说起。元人所称的纳尔松郭勒河即当今集宁的霸王河。蒙汉民族对其河称谓不一，虽字意不同，却各有缘由。当年窝阔台到此地时，见河的两岸松林遍地，郁郁葱葱，便钦赐域名，称其为纳尔松郭勒河。明朝人则以为，此地商民建酿酒缸房不少，且多为挖井引泉，甚至确认坝下有泉，故而称其为坝王河。到了清朝乾隆年间已认定纳尔松郭勒河共有两个源头，纳尔松宝力格（汉意：松树泉）就是其中的一个源头，据说在卓资县官家坝村附近。入拉陶营至察哈尔右翼前旗三岔口，发源于王盖昂苏鲁克（汉意：王爷的牧群），即与现在察哈尔右翼前旗三岔口乡阿尔盖营发源的阿尔善宝力格河（汉意：圣神的泉水）汇合，经沙毛营进入集宁北城区，进乔家村后转入察哈尔右翼前旗注入内蒙古八大淡水湖之一的贺日尼淖尔（汉意：黄旗海）。纳尔松郭勒河呈弓形，自西向南绕过集宁，绵延百里，滋润着千顷良田。冬季河水流出数里河身不结冰，是酿酒之好水。

由于乾隆年间实行"边垦固疆"政策，大批汉族群众进入草原垦荒开地，形成了聚落。人们按汉族民俗习惯，以河源头两地村名各取首尾一字，即官家坝的"坝"字，王盖昂苏鲁克的"王"字联合组成"坝王"一词，便叫坝王河。然而，机缘巧合的是纳尔松郭勒河这个名字似乎也在后人的口口相传中得到了佐证。作家满都麦先生说，20世纪80年代，一位经历了清末和民国的韩文贵老人，回忆祖辈们说纳尔松郭勒河时，提到了窝阔台亲赐纳尔松郭勒河名一事，还说松树林是在抗战后期被国民党部队砍伐运走的。韩文贵老人说，直到1958年，他还见到过这里还有五棵大松树，只是后来也未幸免存活，被大炼钢铁的人们伐倒后炼铁用了。韩文贵老人还说，在西霸王河西南面，曾经有过一个老坝缸房，是一个山西人与外蒙人做皮货生意赚了钱之后合伙经营的，生意一直不错。再说"坝王河"此名直到20世纪80年代末，人们为了表现老虎山的雄气，坝王河的霸气，于是改了一个字，为霸王河，并一直沿用至今。其实，在许多蒙古群众心目中，纳尔松郭勒河才是此河的正名，也是草原上的大淖尔（汉意为：大海子）。

纳尔松酒业或集宁酒业就是在这片土地诞生并成长起来的。"纳尔松"系蒙古语，汉意为青松或不老松的意思。此名是80年代初由当时的乌兰察布盟科技处特牧扎布处长根据纳尔松郭勒河历史传说而命名的，也是国内名酒行列中第一个用蒙古族语言命名的优质酒类产品。

风雨沧桑的酒业：相传纳尔松郭勒河经历了窝阔台南征，又经历了瓦剌部也先与明英宗部之战，各自退兵之后，尽管打打杀杀多少年，然而，无论明还是清，皇家再无暇顾及建地强守。但是民间的茶马、酒肉、毛皮贸易仍在艰难维系。清末，蒙汉民族贸易又逐渐兴盛。直到民国中后期，集宁商业再次繁荣，尤其是1920年秋，平绥铁路通车后，铁路工人和设置局、清仗局的工作人员先后定居于集宁，随后逐渐引来商人、小手工业者。由于就近地区盛产粮食油料，于是粮店、磨房、油房、缸房开始日益增多，成为元代之后集宁商业史上的又一个繁盛时期。据史料记载，老坝缸房之后，集宁的白酒酿造业相继有了"德源永"、"大瑞长"、"万义店"（后称"德记"）、"义隆祥"（后称"保和祥"、"亨和全"）等私人缸房。到了1925年，粮店已增至五十余家，油房、磨房、缸房也有增无减。即使在1926年起军阀混战、土匪掠抢，加之先旱后涝的天灾，集宁的粮食加工业，尤其缸房仍细水长流地生存着，实在不足时，利用集宁驿站得天独厚的优势外采维系生意。直到连续三年大丰收之后的1934年，小镇商业不仅有所回升且越来越重现繁盛，酿酒业也得到了进一步的发展，先后又增加了"合记""福和义""三和永""志丰成"等缸房。

但是，从1937年9月至1948年初，近12年中，由于日本帝国主义的侵略和蒋介石发动内战，兵荒马乱，苛捐杂税，使酿酒业元气大伤，举步维艰。

山城崛起的酒业：1949年4月中共绥东地委派李国喜、路克远两位同志接收了集宁的所有缸房，成立了集宁第一家地方国营企业集宁酒厂，定址于桥西"亨和全"缸房，当时属中国专卖事业公司绥远省分公司领导。该酒厂职工三十人。日投粮180斤，平均日产酒83斤左右。到了1949年8月，职工增至140人，其中冀东军区第十三军分区制酒总厂派来以冯玉忠为首的职工108人，人称一百单八将，后来成了集宁酒厂的主力，也是全区酿酒行业的骨干。集宁酒业迅速发展，不仅将穿心小烧锅改为大锡锅，还改进了酿酒工艺，扩大了生产，使白酒年产量达到了300至350吨，提高了经济效益，成为集宁白酒酿造史上的一大创举。

1958年，政府为了扩大酿酒业生产规模，批准酒厂迁址于桥东工业区（解放路71号）。新建厂房三座，面积3000平方米，仓库、附属车间、办公室及职工宿舍4000平方米。职工增至248人，年产酒2400吨。

纳尔松酒业之辉煌：1976年末，在内蒙古轻工科研所以沈怡方为主，范仲仁、刘克敏、托亚等工程技术人员及制酒厂李景如、刘润全、张秉强、袁思勃等技术人员的协助下开始研制以芝麻香、蕉香为主体香型的优质白酒，1979年研制成功，研制经费由内蒙古自治区轻工科研所、乌兰察布盟科技处、集宁市制酒厂三家共同投资直到试产。纳尔松酒以酒质清澈透明，绵甜浓郁，口味纯正，落口醇和，酱香中带有明显的芝麻香和蕉香的独特风格而著名。从此，该酒的研制成功不仅结束了集宁制酒业三十年产品单一"老白干"的历史，也结束了内蒙古自治区酒类产品在国家、轻工部历次评比中榜上无名的历史，为自治区酒业做出了杰出的贡献。同年10月5日，在美岱召历史博物馆第一期工程竣工剪彩仪式上，时任内蒙古自治区政府主席的布赫同志将纳尔松酒作为珍贵礼品赠送给该博物馆，并展出近30年。同时，这一年纳尔松酒先后打进了北京、天津、

纳尔松酒

呼市、包头、兰州、银川、西宁、西安、太原、大同、张家口、石家庄、郑州、济南、广州等地市场。从此纳尔松酒业闻名遐迩，被誉为"塞外佳酿""大汗茅台"。

20世纪90年代后期，白酒行业董事长穆勇先生等购买接收了集宁制酒厂。1999年集宁酒厂更名为集宁纳尔松酒厂。经过多年发展，纳尔松酒厂集团逐步形成了由老白干组成的高、中、低档多元化产品结构。

白酒企业在全面改造旧厂区的基础上，选定集宁新区泰昌北路8号，征地135亩，新建了原浆白酒生产基地，年产5000吨清香型白酒车间采用集航吊、风能冷却等国内一流生产设备。其中年产2000吨芝麻香型纳尔松酒，是国内少数生产芝麻香型白酒的基地之一。

2010年在大同装备制造园内再次征地156亩，新建年产5万吨食用酒精项目，同时年产DDGS饲料4.5万吨，二氧化碳1万吨，生产装置由国内酒精行业龙头老大的中科天元设计提供。两个新厂区的新建，为酒业的高水平发展展开了画卷。加上老厂区，三个厂区资产总计3亿元，员工1500余名，目前拥有各类技术人员100余名，都是从社会公开竞聘上岗，干部职工能上能下，能进能出，充满灵活的机制与能力。

纳尔松商标被认定为自治区著名商标，企业被农业部验收达到国家规定的全面质量管理标准，屡获"重合同""守信誉""消费者信得过产品"等多种荣誉称号，被市政府列为内引外联重点保护企业。

纳尔松酒业践行了"质量经营和生态化经营相结合"的理念，致力于高新改造和提升传统酿酒产业的探索和实践，实现了酿酒生产的全程生态化。如今"健康、环保、珍爱生命"将成为人们的生活观念，纳尔松酒业成功创建了生态酿酒工业园。

目前公司占地面积4.3万平方米，建筑面积2.5万平方米，固定资产上亿元，优质白酒年酿造能力3万吨，拥有100余名各类技术人员，是乌兰察布市农牧业产业化重点龙头企业，集宁区政府重点挂牌保护企业。

老马清真食品

内蒙古集宁老马清真食品有限公司是以罐头产品和牛肉干等熟制品加工为主的清真肉类食品加工企业。公司拥有年加工多种罐头500吨和各类软包装熟食品300吨的生产线各一条，拥有冷库及副产品贮藏库各一间，另外拥有日供水300吨的自备水井一口。企业选址、厂房布局、现场布局均达到了国家《食品企业通用卫生规范》的标准，具有完善的食品检疫及产品质保体系。目前是内蒙古规模最大的清真熟制品加工有限责任公司。

罐头产品主要有咸牛肉、咸羊

老马清真食品

肉、红烧牛肉、卤牛杂、牛尾汤等十几个不同口味的罐头品种以及多种不同风味的牛肉干和卤制品软包装肉类清真食品。近年来，公司投入新产品的开发和技术创新，新研制的精品咸牛肉、精品咸羊肉、澳洲羊肉等产品，一投入市场就得到了广大客户的一致好评，开拓了国内牛羊肉食品市场。公司产品已具有进入国际市场的资质，产品的市场竞争力大大提高，形成了高起点、外向型的具有国内、国际竞争力的生产加工基地。该公司成为乌兰察布市农牧业产业化重点食品龙头加工企业，形成了以罐头和牛肉干为主导产品的有地方特色和市场发展前景的民族食品链。

2003年公司在乌兰察布市平地泉南路察哈尔工业园区兴建了厂房，占地7万多平方米，硬化道路1.8

万平方米，拥有在岗职工280人，高、中级技术管理人员12名的内蒙古集宁老马清真食品有限公司，实行董事会领导下的总经理负责制，公司下设总经理办公室、财务部、原料部、生产部、质检部、储运部、销售部、后勤部以及相应的生产加工车间。公司制度完善、管理严谨、技术精湛、设备先进，产品安全率达100%，产品一次性合格率达98%，符合企业标准和国家食品相关标准。公司加工车间拥有多种生产设备，有不锈钢台案、夹层锅、斩拌机、空罐消毒清洗机、真空封口机、杀菌釜、程控喷码机等生产设备。公司形成了自己独特的企业文化，把"做放心食品、让客户满意，争一流服务、创名牌产品"落实到每一个生产环节，成为公司每一位员工的自觉行为。

内蒙古集宁老马清真食品被乌兰察布市工商局评为知名商标。公司产品原材料辅料选配考究、严格。原料主要选自内蒙古乌兰察布、锡林郭勒及青海、甘肃等天然无污染的草原牛、羊、鸡并按伊斯兰教方式屠宰加工而成的肉类产品。"老马"产品运用现代生产加工工艺和技术，严格执行国家《食品安全法》的相关规定和技术标准，"老马"牌清真牛羊肉罐头畅销华北、西北等30多个大中城市和香港等地区，深受广大消费者的欢迎和赞许，成为消费者信得过的食品企业。

莜面

一个地方的饮食总是与当地盛产的农作物有关。集宁是一个小城镇，郊区面积有限，以种植蔬菜为主，主要粮食作物多来自周边旗县，因地理位置和气候原因，这里的农作物主要是莜麦、土豆和各种谷物，牧民则以养殖牛羊为主。内蒙三件宝——莜面、山药、羊皮袄在这里体现得最为突出，故这里的饮食也多与这些食材有关。

莜面鱼鱼，是将莜面面粉用冷水拌好，也有用开水拌的，然后用拳头踩匀和好，放一张大一些的案板，把和好的面揪成均匀的剂头，放在案子上，再用手搓。巧手的媳妇婆婆们双手开弓，一手四根，八根细似毛线的鱼鱼不断延长。搓到头，四指分开，把剂头夹起来，倒回去，将搓好的鱼鱼折起来再接着搓，一组剂头搓完，就有了一团鱼鱼。把这团鱼鱼放在笼屉里，接着搓下一组，全部搓好上锅蒸。蒸莜面的时间也有讲究，一般蒸十来分钟。若蒸过了莜面发黏，调不开，不利口。蒸生了发酥，没法吃。也有两只手掌对起来搓的，两根或三根，随着手掌的搓动，细细的莜面鱼鱼带着

塞外美食莜面

人的手温不断延伸，很多人以为，这种手挨手，肉挨肉搓出来的食物更有诱惑力，是人世间最美的食物。在集宁，无论菜肴多么丰盛，无论酒水多么高级，莜面，永远都是餐桌上最后的主角。

莜面佐餐的盐汤有冷热两种。冷的可以是腌菜盐汤或各种凉拌时蔬，炝上葱花等调料，根据个人口味加上辣椒和蒜蓉，夏天吃真是爽口无比。热汤可以是羊肉蘑菇汤、猪肉蘑菇汤、鸡蛋汤、大烩菜等。人们说，莜面热吃三口香。就是莜面一揭锅，挑上一筷子放在事先准备好的汤料里，调匀了，三口两口，一碗进肚，噢，那感觉，那滋味，真是给个宰相都懒得换。

当地传说，正月初十是老鼠娶亲的日子，这一天，集宁人几乎家家户户都要吃莜面。据说，这一天吃莜面可确保家中一年风调雨顺，生活在乡下的农民，则会有个好收成。

莜面窝窝就是把莜面和好，用块表面光滑的砖或其他趁手的工具，右手推，左手卷，一个挨一个码在笼屉里，上锅蒸，汤料及吃法与莜面鱼鱼一样。

莜面顿顿则是把和好的莜面在案板上擀，擀成一张与案板差不多大小的面皮，薄厚均匀，然后把土豆洗净，去皮，擦丝，再用凉水淘去淀粉，用手攥干，把芹菜叶或苦菜等任意一种绿色菜叶剁碎，与土豆丝拌匀，均匀地洒在擀好的面皮上，由下到上卷起来，用刀切成一寸多长的段儿，一个个立起来，挨个摆放在笼屉里，上锅蒸熟佐以凉汤即可食用。顿顿皮薄而筋道，馅松而绵软，佐以凉汤，配上辣椒和蒜蓉，酸辣爽香，神仙吃了也忘不了。

莜面可做的食物数不胜数，无法一一介绍，莜面的原料是莜麦（学名燕麦），其磨成的面粉称莜面。莜麦是一种成熟期短、耐寒、耐盐碱的低产作物。主要种植于内蒙古自治区的阴山南北，它产量虽低，但含有丰富的高蛋白、脂肪和大量铁、钙、磷等多种微量元素。科学证明，莜面富含八种氨基酸，多种微量元素，丰富的亚油酸，高膳食纤维等含量。莜面为五谷之首，莜麦所含的维生素E、维生素B、维生素H都十分丰富，因其营养价值可观，在减肥、降血脂、降血糖等方面具有很好的治疗保健作用，营养成份是其他面粉营养成份的七倍以上，这也是莜面倍受青睐的主要原因之一。

早在南北朝时期，乌兰察布一带的阴山南北就有农民种植莜麦。到清代初期已大面积耕种，享有"阴山莜麦甲天下"的美称。莜麦加工方法特殊，加工时先要将莜麦淘净，晾干后上锅焖炒。炒熟后再去皮磨面。

荞面饸饹

荞面饸饹是北方面食三绝之一，与兰州拉面、山西刀削面齐名，倍受集宁人青睐，是集宁人的主要早点之一。

荞面饸饹主料除荞麦面粉外，还有食用碱和食盐，将它们按一定的比例和匀，在大瓷盆里揉成面团儿。面团儿要揉得恰到好处，最好是揉到面团摊开来，四周的边儿都有往里蜷的感觉，再盖上笼布搁放起来让面饧一下，笼布一定要盖严实，否则面坯儿表面容易皴，做出来的面条就不好看又不好吃了。饧好的面在案板上再次和匀揉筋道，接着把面团按需要分成拳头大小的剂子，每个剂子约有一碗面的大小，放在面盆里备用。做饸饹俗称轧饸饹，它的工具被称为饸饹床子，是一个直径15厘米左右底端像筛子一样的圆柱形的铁管，放入剂子后，用带着长长的力臂的木头墩子在上面使劲压，剂子透过底部的筛子网眼被压挤成细长条，就是饸饹了。

荞面饸饹有两种吃法，一种是吃热的，另一种是吃凉的。一般是夏季凉吃，调入精盐、香醋、芥末、蒜汁、芝麻酱和红油辣子，有时芥末下得狠了一些，一筷子入口，不由浑身一颤，好像七窍六腑都通了，

荞面饸饹

是消夏祛暑的好东西。冬季多是热吃，在饸饹碗里浇上臊子和热骨头汤，再撒入胡椒粉、香菜、蒜苗丝和紫菜，吃起来汤鲜面筋，通体舒畅。

荞麦是食药两用食材。李时珍《本草纲目》记载："荞麦最降气宽肠，故能炼肠胃滓滞，而治浊滞、泻痢、腹痛、上气之疾。"现代医学家也证明了荞麦的药用功效，荞麦含有丰富的维生素P，可以增强血管的弹性、韧性和致密性，又有保护血管的作用，能促进细胞增生，降低血脂和胆固醇，软化血管，调节血脂，扩张冠状动脉并增加其血流量等。荞麦中含有丰富的烟酸，能增强解

毒能力，促进新陈代谢。荞麦中的铬，能增强胰岛素的活性，加速糖代谢，促进脂肪和蛋白质的合成，对糖尿病人大有好处。此外，荞麦还具有抗菌、消炎、止咳、平喘、祛痰的作用。好吃又去病，哪个会不喜欢？

油炸糕

三十里的莜面四十里的糕，
又耐饥又耐饿是五谷中的宝，
软溜溜颤巍巍光滑又筋道，
甜丝丝香喷喷味道那叫个好。
金黄金黄的油炸糕，
老辈人爱吃天天离不了；
男子汉爱吃糕力量增无穷，
走四海闯八方淳朴又厚道；

大姑娘小媳妇吃糕美容貌，

剪窗花绣金毯心灵手也巧。

……

这是在当地广为流传的一首极
具地方特色的《黄糕曲》中的词，

油炸糕

曲中所述黄糕就是集宁传统美食油
炸糕。炸糕用的黄米面来自于黍子，
原产中国北方，是古代黄河流域重
要的粮食作物之一，也是集宁周边
旗县主要农作物之一。黄米是去了
壳的黍子的果实，比小米稍大，颜
色淡黄。黄米磨成面后，可以做糕。
用黄米面炸出的糕色泽金黄，酥脆
可口，黏软劲道，是集宁人过节庆祝、
待客的必备佳品。

油炸糕个儿小、皮儿薄、花样
多，分豆馅、糖馅、菜馅、实片四种。
豆馅有小豆、豇豆、扁豆、芸豆四种；
糖馅有红糖、白糖两种，另外还加
青红丝、玫瑰、核桃仁、果脯等；
菜馅的种类更多，可按照个人口味
随意调节，多数人喜欢吃山药韭菜
馅、酸菜山药馅、苦菜山药馅等。

羊杂碎

在吃的法则里，风味重于一切。
人们怀着对食物的追求，在不断的
尝试中寻找着转化的灵感。独特的
地理环境和干旱的气候促成了集宁
人豪爽的气质，也孕育出了特有的
食物——羊杂碎。羊杂碎在集宁的
诸多小吃中占有至高无上的地位，
羊杂碎主要讲究"三料""三汤""三
味"。三料又分为主三料和副三料，
主三料即心、肝、肺，又称"三红"；
副三料即肚、肠、头蹄肉，又称"三
白"。三料下锅前切成长条或细丝。
三汤即"原汤杂碎""清汤杂碎""老
汤杂碎"。将羊杂碎洗净，下锅煮好，
连汤带水地热热吃起来，这叫吃"原
汤杂碎"，味道体现在鲜美清淡上。
怕杂碎有五脏异味的人家是先将洗
好羊杂碎在锅里汆一下，把汤倒掉，
再将杂碎煮熟切好，重新入锅添水
放调料煮一下，盛到碗里，这叫吃"清
汤杂碎"。由于是蒸熟的，味没入汤，
食者全从对杂碎的细嚼慢咽中品味

羊杂碎

道。将一锅汤用文火常熬不换，汤稠如油，色酽如酱的羊杂碎汤叫"老汤杂碎"。

"杂碎三味"是指吃羊杂碎的饭桌上都有三味佐餐调味品，即一盘春意葱茏的香菜末儿，一盘红灿灼眼的辣椒面和一盘洁白晶莹的食盐。这是吃羊杂碎万万不能少的三味调料。食者坐下来，或爱清香爽口的，或喜辛辣热麻，或好咸中得味。羊杂碎各部位都有不同的味道，质绵、爽口、味美，集宁的男女老幼都喜欢吃。集宁人的一天很多都是从一碗热腾腾、红润润、香喷喷的羊杂碎开始的。

手把肉

在集宁，生活着蒙古、回、壮等十几个少数民族，其中，蒙古族占的比例比较大，所以，蒙古族美食在集宁广为流传，还形成了蒙餐一条街。手把肉是其首推招牌菜，辅以各种新鲜奶食，醇香四溢的奶茶。

"手把肉"是内蒙古著名的民族传统菜，多为羊肉，大块煮。大口吃，一手把着肉，一手拿着刀，割、挖、剔、片，把羊骨头上的肉吃得干干净净，所以得名"手把羊肉"。这种吃法可以追溯到古代。据明《夷俗记·食用》中云："其肉类皆半熟，以半熟者耐饥且养人也。""手把肉"多选用草原牧场生长的两龄羊，采用传统的"掏心法"宰杀，因为这样宰杀的羊由于心脏骤然收缩，全身血管扩张，肉最鲜嫩。宰杀后把羊带骨分解成若干小块放在清水锅里，不加盐等调味佐料，用旺火煮，待水滚沸立即出锅上桌，蘸芝麻或

手把肉

盐食用，其肉鲜嫩，原汁原味。但目前推出的"手把肉"煮好后大多进行二次加工，将大块再分解或小块，辅以盐面、米醋、花椒、八角、味精、辣椒油、姜丝、葱段等调味佐料进行特殊烹制后再食用，其鲜嫩不变但味道更加独特。

羊肉肉质细嫩，容易消化，高蛋白、低脂肪、含磷脂多，较牛肉的脂肪含量要少，胆固醇含量少，是冬季防寒温补的美味之一，有益气补虚，温中暖下，补肾壮阳，生肌健力，抵御风寒之功效。

涮羊肉

在集宁，提起"涮羊肉"，不论男女老幼没有不爱的。因为这道佳肴吃法简便、味道鲜美，所以深受欢迎。

涮羊肉传说起源于元代。当年元世祖忽必烈统帅大军南下远征。然一日，人困马乏饥肠辘辘，他猛想起家乡的菜肴——清炖羊肉，于是吩咐部下宰羊烧火。正当伙夫宰羊割肉时，探马飞奔进帐报告敌军逼近。饥饿难忍的忽必烈一心等着吃羊肉，他一面下令部队开拔一面喊："羊肉！羊肉！"厨师知道他性情暴躁，于是急中生智，飞刀切下十多片薄肉，放在沸水里搅拌几下，待肉色一变，马上捞入碗中，撒下细盐。忽必烈连吃几碗翻身上

马率军迎敌，结果旗开得胜。在筹办庆功酒宴时，忽必烈特别点了那道羊肉片。厨师选了绵羊嫩肉，切成薄片，再配上各种佐料，将帅们吃后赞不绝口。厨师忙迎上前说："此菜尚无名称，请帅爷赐名。"忽必烈笑答："我看就叫'涮羊肉'吧！"从此"涮羊肉"就成了宫廷佳肴。《旧都百话》云："羊肉锅子，为岁寒时最普通之美味，须与羊肉馆食之。此等吃法，乃北方游牧遗风加以研究进化，而成为特别风味。"

涮羊肉

蘸料是涮羊肉的精髓所在，汤中无盐，快速烫涮，肉中蛋白不易流失，全靠蘸料调理口味。涮羊肉蘸料一般选用优质芝麻酱、酱豆腐、腌韭菜花、虾酱、虾油、料酒等原料，精选当年生百分之百新芝麻，自然芳香，稀稠适中，回味持久；蘸料中加入野生韭菜花，使其清香中更具营养美味，令涮肉美食更添食趣。

秋意渐凉，隆冬而至，邀三五好友，团团围桌而坐，一锅热气腾腾的涮

羊肉，酒香、菜香、肉香在空中弥漫，欢声笑语冲破云宵，真是赏心悦目的快事一桩。

牛肉干

牛肉干是蒙古族特色食品之一，因其含有人体所需的多种矿物质和氨基酸，既保持了牛肉耐咀嚼的风味，又久存不变质，深受农牧民喜爱，是招待贵客的食品，只有尊贵的客人到来、重大节日或婚丧嫁娶时才烹制。

牛肉干一般是用黄牛肉和其他

牛肉干

调料一起腌制而成的。牛肉是中国人的第二大肉类食品，仅次于猪肉。牛肉蛋白质含量高，而脂肪含量低，味道鲜美，受人喜爱，享有"肉中骄子"的美称。牛肉干的制作首先要选择上等的原料，其次是制作工艺和制作时间。晒干时还得考量日照的时间，道道工序都得紧密把关。

牛肉干中的风干牛肉初始主要用于蒙古铁骑的军粮，携带方便，并且有丰富的营养。早在成吉思汗建立蒙古帝国时期，蒙古骑兵与牛肉干就有着不解之缘，在征战中，烈马、弯刀、牛肉干是成吉思汗在远征战中的三大法宝，牛肉干在远征作战中起着很重要作用，因此风干牛肉被誉为"成吉思汗的远征军粮"。

奶食

奶食在蒙古语中叫"查干意德"，意为白色的食品，蒙古人以白为尊，视乳为高贵吉祥之物。如果夸你心地像乳汁一样洁白，你就得到了最高的奖赏。

蒙古民族的食品之首便是奶食。奶食也被蒙古族视为珍品，每逢拜年、祝寿、招待宾客、喜庆宴会等首先以品尝奶食、敬献奶酒为最美好的祝愿，这是一种神圣的礼节。奶食品中含有大量的氨基酸、蛋白质、油脂、微量元素，对人体机能有着不可缺少的营养成分。所制作的奶食品品种丰富、名目繁多，各地做法千姿百态，名称也不统一，但很多方面也大同小异。

奶豆腐 蒙古语为"胡茹达"。奶豆腐是牧民一年四季常备奶食品之一，其做法是：将放置两三天（夏季为一两天）的脱脂酸奶中的凝结部分，放入锅中用微火熬，并不时搅拌，待呈黏状时，用勺头不停地揉搓挤压，使其更具筋道后盛于模具中，晾干即可食用。这是察哈尔奶食品中的上品，因此，奶豆腐是察哈尔人进贡当时清朝皇室最重要的奶食品，并以制作手法、卫生、营养等方面举世闻名。

奶酪　蒙古语"比西拉格"，奶酪的做法是将鲜奶倒入锅中煮沸，再将发酸的牛奶撇去表层奶皮子之后，与鲜奶按一定比例倒入锅中继续熬，直到出现稠状乳，即捞出用纱布或粗布包裹起来，再用两块板子挤压，使其乳清滴尽后晒干即成为"比西拉格"。将制作出来的"比西拉格"用刀或者马尾切成片状晒干，晒干后的"比西拉格"不易发霉腐败，可以长时间存放，"比西拉格"口感上佳而且是牧区制作最早的奶食品，因此，也是牧区最常食用的奶制品。

奶皮子　蒙古语称奶皮子为"乌如木"，以牛奶为原料，用微火煮沸鲜牛奶，并用勺子反复扬撒，直到锅里起泡沫为止，然后将其冷却至次日，便可凝结出厚厚一层奶脂，此为奶皮子。奶皮子是奶食品中佳品，不仅味美甘甜，而且具有食疗作用。奶皮子属清凉，有健心清肺、止渴防咳、治愈吐血之功能。

奶子酒　又叫蒙古酒，是夏秋季发酵后的牛奶或马奶或羊奶以及驼奶经自家蒸馏酿制而成，酒精度不高，醇香可口。奶子酒是蒙古族

察哈尔部落创造的奶食品精华。

奶子酒越年久其纯度越高、香醇可口。奶子酒具有促进人体新陈代谢，健脾开胃、增添热量、延年益寿之功效。之外添加白糖红糖后再加热食用的话具有解热止渴、提神助消化的功能。

马奶酒　蒙古语称作"策格"，是发酵的马奶。将新鲜的马奶装入生皮囊中，挂在向阳处，用一根特制的木棍每日搅拌数次，逐渐发酵变酸，当马奶变成清淡透明、味道酸辣时即成。《马可·波罗游记》中记载：塔塔尔人用马奶制作"策格"饮用，它是白葡萄酒一样清澈而且好喝的饮品。马奶含有多种能量和维生素，有促进人体新陈代谢、抗衰老之功能，马奶酒解热止渴，营养丰富，对神经衰弱、心脏病、肺病有着神奇的疗效，是招待贵客的上等饮品。常饮马奶酒可治疗胃溃疡、肺结核等疾病。

白油　蒙古语为"查干陶素"。其制作方法是将鲜奶发酵凝固成老豆腐状后，用勺子撇去凝结在表层的奶脂，存放于器皿中，储存一定量后，在器皿中用木棒类的物品朝着一个方向搅动，直至呈现出颗粒状油块，此为白油。白油的掺杂物较多，久存将会变质，所以需要马上提炼。

奶食

黄油 蒙古语为"夏日陶素"。
将白油放入锅中用微火熬制，便可
分离出黄油。黄油在提炼出来的奶
制品中营养价值是最高的，它具有
促进人体新陈代谢，健脾开胃、增
添热量、延年益寿之功效。

蒙古族奶食品经历了漫长的发
展历程，其制作手法不断更新，以
优胜劣汰的原则，形成了今天的奶
食品文化，它以既朴实又高贵的品
位成为了集宁饮食文化的内容之
一，谱写了人类饮食文化史上光辉
的篇章。

家乡英才

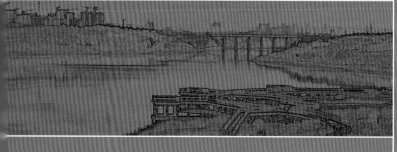

HUASHUONEIMENGGUjiningqu

家乡英才

JIAXIANGYINGCAI

受游牧文化和农耕文化的双重滋养，集宁英贤辈出、名人众多，共同谱写了集宁波澜壮阔的历史发展画卷。

墨迹集宁

集宁，这座塞外山城，曾一度留下了无数文化名家的足迹和他们细致而独特的观察。而对于现在的我们，也许对那段记忆已经模糊。但文人笔下的那座小城，让我们清晰地看到了那些值得怀念的地方……

民国二十三年（1934年），北平燕京大学教授冰心女士及其爱人吴文藻先生，应平绥铁路局长沈昌之约，组织了八人的"平绥沿线旅行团"。其中包括同为北平燕京大学教授雷洁琼、文国鼐两位女士，郑振铎、顾颉刚、陈其田、赵澄四位先生共同前往平绥沿线之西北地区进行社会考察。

此行的目的即是"将平绥沿线的风景、古迹、风俗、宗教以及经济、物产等情况，作几篇简单的报告。"——冰心文

7月7日，八位文化名家自北平清华园站出发，至17日，因平地泉(集宁)处铁轨被山洪冲毁而折回。8月8日第二次出发，因文国鼐女士赴北戴河未归，而邀容庚先生加入。两次往返，历时六个星期。

考察归来，各有心得，分别撰写相关文章并发表。因其他人撰文并未查到，冰心女士所撰《平绥沿线旅行记》，及郑振铎先生撰著的《西行书简》，就尤显珍贵。我们不妨走进《平绥沿线旅行纪》和《西行书简》，跟着冰心、郑振铎两位文人看看当时的集宁城。

"平地泉……午前我们又到傅氏行辕回拜，也会见了傅夫人刘芸生女士。（说明傅作义当时在集宁县城）后出城登老虎山，山上有一小庙，大约是平地泉唯一的庙宇了，自岩下望，看见山上纵横的战壕和城内外十三条平阔的马路，是当时

冯玉祥在此屯兵，训练骑士时的旧迹。

"四顾茫茫远山如线，中间一片平坦浩荡的平原。牛马千百成群，远远地走来，如绿海上的沙鸥万点。倚仗当风，心旷神爽！这种无边高朗的天空、无限平阔的草原，无尽清净的空气，是只有西北高原才能具备的，我愿个个南方孩子，都能到此一游，一洗南天细腻娇柔之气。

"入城走经街上，苍蝇极多，据本地人云系冯军马匹所带来者。路经一蛋厂，（当时蛋厂是城内唯一的一家工厂）入内参观，有女童工数十人，正在做破黄凝粉的工作，手段极为敏捷。

"晚餐后信步出站，出怀远门。晚霞艳极，四山青紫，起伏如线，萋萋芳草，平坦地直铺到天边。

"而四天的晚霞，由紫而绯红，而浅绿，而鱼肚白，层层地将这一片平原包围了来，所谓'天涯何处无芳草'，'芳草无情，更在斜阳外'者，始于今日见之！

"在这'前不见古人，后不见来者'的处女地上，此时心情，是欢喜，是惆怅，也分不清了，晚风飘飘地吹起衣袂，我们都相顾默然无语。抬头时却远远地看见白光万点，缓缓流来，原来是羊群罢牧。羊群过尽，有两三牧童游暇地拄着

鞭竿，低头行走。落日的金光中，完成了这幅伟大静穆的黄昏图画。

"大家心上的黄昏，也有几十百个，却谁亦忘不了这最深刻、最宜人的'平地泉的黄昏'。"

让我们再来看看郑振铎先生的《西行书简》从丰镇到平地泉一文是怎样描写平地泉的。

"夜里，车开到平地泉。……二时许，游老鸦嘴（一名老虎山），山势极平衍。青草如毡，履之柔软无声。有方广数丈的岩石，突出一遇，即所谓老鸦嘴也。岩上有一小庙，一乞丐住于中。

"登峰顶四望，平野如砥，一目无垠，一阵风过，麦浪起伏不定，大似一舟漂泊大海中所见的景象。平地泉的名称，确是名符其实。塞外风光，至此可见一斑。……这是西行以来最愉快的一个黄昏。古人所谓'心旷神怡'之境，今已领略到了。"

随后，一波接一波的各界文人相继来到了集宁县，当时的集宁县，东西210里，南北180里，辖地面积6800平方公里，划5区共59乡，人口59412人。

爱国画家沈逸千于1936年来到了集宁县城，当他看到好多的牛板车，由乡下成群结队地把粮食拉到平地泉火车站，感到震惊，这是他

从未见过的场面，他画了一幅《平地泉粮车》的国画，让我们有幸看到那个年代的粮食运输车辆——老倌车。

还是1936年应该是11月了，红格尔图战役胜利的消息传到了北平，清华大学和燕京大学的老师学生组织联合赴绥慰问团，11月18日，朱自清先生，就是发表过《背影》《荷塘月色》的那位著名文人，代表清华教职工，随慰问团一行前往，来到集宁城，他将所见所闻写成《绥行纪略》记载了下来。

其中一段是"平地泉本只有二三人家，铁路通后，始渐有粮店；但出门一望，平沙莽莽，犹是十足边塞风味也。……早饭后，至第二师范，适平地泉各界自卫会在此开会"。文中所指到的"第二师范"即今集宁师专。朱自清先生一行还在第二师范校门前留了影。

1936年12月5日，世界知识杂志社记者方大曾来到了他日夜惦念的集宁县，看来1936年的集宁城是中国文人们公认的名县城。

方记者是来为绥远抗战到红格尔图做报道的，12月14日返回集宁写了报道《绥东前线视察记》。1937年1月6日在集宁写了报道《兴和之行》。

第二天，又匆忙赶往陶林，在赶往陶林的路上方记者路过了集宁县城边上今天的煤窑村，他在《从集宁到陶林》一文中记录了一个地方叫马莲滩煤矿的事"北行二十里，至马莲滩，从老远就望见两旁边的山坡上现出一块块的黑点，这一带地方出产煤炭，因为炭质里含有多量的硫磺，所以烧起来常发出一种强烈的气味，本地人因此名之为臭炭。"这是集宁地区的第一座煤矿，当时叫永宁煤矿。

1937年新年刚过，大公报记者范长江又匆匆赶到了平地泉，心情复杂的范大记者记录下了红格尔图战役后的平地泉火车站，"黄昏时候，车到平地泉站。站上是冷清清的，冷风在每个人厚厚的皮衣上吹过，连站上服务人员在内，人们的脑袋似乎都向肩架里缩了几分。上下的旅客是寥寥几个，车站附近的大广场上更是空空如也。只有被朔风偶尔卷起的黄沙，在空场上刹那的飞舞，是打破寂寞的唯一的景物。……我记得一个半月以前，红格尔图战役的时候，我在平地泉亲眼看着我们的战士出发的情形。……剩下来的只有塞外二等车站原有的空寂！"

今天听起来似乎还是津津有味，感谢郑振铎、冰心、沈逸千、朱自清、方大曾、范长江。是他们让我们抓住了集宁历史的尾巴，更让我们这些生活在集宁城里，有时感到烦躁、烦闷、烦心的上班族、打工族、游手好闲族们对老集宁有了一定的了解。也让这些精彩的历史事件、故事代代相传。

开国中将姚喆

姚喆（1906年8月—1979年5月27日），曾用名姚秩章，湖南省邵阳县人。他虽然不是土生土长的集宁人，但在集宁这座小城的老虎山上，留下了姚喆将军数不清的脚印和说不完的英雄故事。解放战争后，姚喆将军始终关注着集宁这座山城的发展变化，1959年姚喆将军重返集宁，站立在老虎山革命烈士纪念碑前回忆了"集宁战役"的经过。在以后的岁月当中，将军始终关注着集宁的一草一木。

姚喆奉命集中大青山骑兵支队兵力，配合晋绥军区主力和晋察冀军区一部，迅速截断平绥铁路，收复沿线的丰镇、集宁等城镇。9月，绥蒙军区组建，姚喆任司令员、张达志任政委，下辖由大青山骑兵支队改编的骑兵旅。

集宁战役是解放战争时期在绥远地区进行的一次程度最激烈、规模最大的战役。集宁地处绥远地区东部，是平绥铁路线上的一个战略要地，向南出兵丰镇、大同可以控制晋北地区；向东挺进，出兵尚义、

张北可直下张垣，以操纵察哈尔。

日寇投降后，集宁即被姚喆指挥的大青山骑兵旅等我军部队解放。傅作义立即派出第三十五军新编第三十一师，由师长安春山指挥，第一次攻打集宁，并相继占领绥东的丰镇、大同、阳高、天镇等地，姚喆奉命进行反击。傅作义收缩兵力于归绥、包头两地，采取"依城野战"战略，与姚喆指挥的部队周旋。

姚喆指挥部队与晋绥军区部队一起，决定对归绥和包头进行"围城战役"，既要让傅作义动弹不得，又要奉军委之命"围而不歼"。1946年1月13日，受蒋介石密令，傅作义派袁庆荣指挥暂编第三军偷袭卓资山，孙兰峰指挥骑兵部队攻打集宁，并相继占领两地。1月14日早晨，贺龙和李井泉致电姚喆，命令骑兵旅和第二十七团、九团等部队迅速反击，夺回集宁城。姚喆接到命令后，立即率骑兵旅日夜兼程，于1月15日下午到达集宁城外围，连夜组织攻城。为了争取时间，姚喆亲自带领突击队猛冲猛打，于1月16日上午击溃孙兰峰的骑兵部队，夺回了集宁城。

9月初，傅作义一面以我军停止对大同的围攻作战为条件，指派周北峰为代表前往解放区的丰镇进行和谈，一面又秘密召集董其武、孙

兰峰等高级将领开会，部署攻打卓资山和集宁等战略要地。

9月10日晚，傅作义部队第三次进攻集宁的战斗打响。姚喆深知守住集宁的重要意义，立即动员所属骑兵旅和第二十七团、九团和七一五团等部队，无论付出何种代价，都要守住集宁。姚喆指挥部队打退了一次又一次蜂拥而来的国民党军队。国民党军队最后攻进了卧龙山阵地和集宁西半城。在这种情况下，姚喆始终坚守老虎山阵地不动，指挥部队鏖战3天3夜，歼灭傅作义部五千余人。

9月12日，中央军委下达撤出集宁的命令。此时，部队已经打红了眼，但姚喆还是含泪下令部队撤离阵地。等所有部队安全转移后，姚喆才与指挥部人员最后离开老虎山阵地，经苏集撤到丰镇。

开国大校雷宜之

雷宜之（1915年—2003年），男，汉族，1915年12月出生，内蒙古集宁人。1937年10月参加革命，1939年3月加入中国共产党。1955年被授予大校军衔，曾荣获中华人民共和国三级独立勋章和二级解放勋章。1976年10月离职休养。2003年8月9日在天津逝世，享年88岁。

雷宜之同志参加革命后，经历了反扫荡、反蚕食、反强化治安的

斗争。在反扫荡斗争期间，先后担任雁北专区灵邱县自卫总队队长、专区专武会主任，带领民兵与敌人展开了英勇的斗争，积极完成了后方勤务、维持地方治安等任务。在我军处于弱势，斗争极其残酷的形势下，积极开展工作，为稳定局面，巩固和发展根据地起了应有的作用。解放战争中，作为地方党政领导，他积极组织发动群众开展土地改革斗争，搞好支前工作，出色地完成了任务。转入部队工作后，参加了应县、张家口、保北战役等战役战斗，在枪林弹雨中经受了血与火的考验。中华人民共和国成立后，雷宜之同志长期担任六十六军政治部副主任、一九八师政委、海军北海舰队航空兵副政委、海军政治学院副政委等领导职务，为我军建设做出了重大贡献。他曾被特邀为天津市政协委员参加了天津市的政协工作，为天津市的建设出谋划策，受到了地方党政机关的好评。

雷宜之同志在60多年的革命生涯中，对党的事业忠心耿耿，坚贞不渝，具有很强的责任心和使命感。他始终保持坚定的共产主义信念和坚强的党性原则，始终保持和发扬我党我军的优良传统和作风，坚决拥护党的路线、方针、政策。他严格要求和教育子女，给子女和后代

树立了学习的榜样，留下了宝贵的精神财富。

钢丝网水泥专家王开明

王开明（1932年—1995年），男，汉族，集宁人，1932年出生，是我国钢丝网水泥方面的知名专家。1940—1952年，就读于集宁小学，归绥中学。1953年，在清华大学土木工程系工民建专业学习。1959年，调北京建材研究院工作。先后在苏州水泥制品研究所、西安砖瓦研究所、西北建筑工程学院、长安大学工作。

1958年，王开明从事工作以来，先后撰写了8本有关钢丝网水泥研究方面的专著、图册，写出了50多篇共250万字的论文。其中在国内外有影响的学术杂志发表论文30多篇。1963年，应用钢丝网水泥制造的农船获得国家科委的奖励；1965年，他研究的钢丝网水泥结构计算方法被建工部定为设计依据；1978年，由他主持的钢丝网水泥多用农船及运输项目获全国科学大会成果奖；1981年，在意大利召开的国际钢丝网水泥学术会议上，他宣读的3篇论文，受到各国专家的好评；1983年，他撰写的钢丝网水泥工作机理研究论文获陕西省优秀论文一等奖，同年，被聘为国际钢丝网水泥学术情报中心顾问及学术咨询发言人。1985年，出席在泰国曼谷召开的国际钢丝网研讨会，他的论文被选入国际相关杂志。会后，他被国际钢丝网水泥学术情报中心列入国际专家名人录。

王开明把毕生精力都贡献给了钢丝网水泥行业，他主持的多种产品研究及系列定型设计，获得了显著的经济效益。正因为他这种坚持不懈的精神，在钢丝网水泥方面孜孜不倦的追求，他的开创性研究使我国在钢丝网水泥研究和应用方面居于世界先进行列。1995年，王开明因病病逝于西安。

救火英雄单美英

2007年11月2日上午，在乌兰察布市集宁区西山烈士陵园里，一次特殊而庄严的烈士遗骨安葬仪式正在举行。被安葬的遗骨是烈士单美英的，她的亲属和战友向烈士之墓鞠躬默哀。单美英的哥哥眼含热泪深情地说："妹妹，你终于回来了！"翻开山城记忆，救火英雄单美英的事迹没有因为年代久远而失去光辉的色彩，反而随着岁月的更替，愈加亮丽夺目，弥足珍贵。

单美英（1952年—1971年），女，汉族，原集宁市铁二中初中毕业生。她的英雄事迹发生在上个世纪70年代。从原集宁市铁二中初中毕业以后，18岁的单美英参加内蒙古生产建设兵团来到了通辽市霍林郭勒。1971年4月15日，正值春播，霍林郭勒市农村的田间地头码放着一排排每包重达100多公斤的麦种包。单美英的任务就是往播种机上装麦种。工作中她突然发现草原上着起了大火，火借风势肆虐了起来，并且朝着麦田方向蔓延过来。单美英只要后退几步，就可以避开大火，可是她不顾个人安危拼命抢救田间地头的麦种包，最后在火海中壮烈牺牲了，年仅19岁。单美英牺牲以后，被有关部门追授为革命烈士。《人民日报》等媒体对单美英的事迹进行了详细报道，当时全国掀起了学习英雄单美英的活动，她的英雄事迹也被编入了小学蒙古语课本里。为了怀念单美英，她的战友们把她埋葬到了牺牲的地方。2007年，在集宁区民政部门和亲友的努力下，单美英的遗骨终于被安葬在了家乡的土地里。

草原英雄小姐妹

50年前的今天，一篇以《草原英雄小姐妹》为题的长篇通讯，报道了乌兰察布盟达茂旗草原上年仅11岁的龙梅和9岁的玉荣一对小姐妹在暴风雪中舍生忘死保护公社羊群的动人事迹，为了不使生产队的羊群遭到损失，两人顶风冒雪追赶

乌兰夫接见草原英雄小姐妹

羊群，直到在雪地里晕倒冻伤，后来二人都做了不同程度的截肢。她们的英雄事迹后来在全国各地广泛传扬，自治区党委命名她们为"草原英雄小姐妹"，全国掀起了向她们学习的热潮。

2008年，姐妹俩光荣地成为北京奥运会火炬手。2009年9月14日，龙梅和玉荣被评为100位新中国成立以来感动中国人物。

英雄事迹体现出的精神绝不会过时，她们永远是一道亮丽的风景。草原英雄小姐妹身上所体现出的精神和品格不会因时间的流逝而磨灭它内在的光辉。今天草原英雄小姐妹仍然是乌兰察布人民的骄傲。

登山英雄王勇峰

王勇峰，男，汉族，1963年生于内蒙古集宁，中国著名登山家，国际登山健将，中国登山协会对外交流部主任，兼中国登山队队长。

1984年毕业于武汉地质学院，后在中国地质大学攻读研究生。在20世纪80年代到90年代的11年中，他完成了中国人首次登上世界七大洲所有最高峰的壮举，达到了一个登山者所能达到的最好水平。

幼年时的王勇峰淘气捣蛋，爸爸曾这样"激将"他："是个男子汉，就每天用冷水洗脸，去长跑，去爬山！"王勇峰就在家乡集宁冬天零下30摄氏度的天气里，戴着一副耳套，每天长跑5000米，锻炼自己的体魄。

1984年，王勇峰如愿成为一名登山队员，开始遍访世界名峰。1988年中日尼三国联合"双跨珠峰"时，作为队中的"小字辈"，他还没有资格登顶，只登到了8300米。如今，王勇峰已经征服了世界七大洲的最高峰，并且徒步到达过南极、北极两个极点，完成了令人难以想象的"7+2"，成为诸多登山者心目中的超级偶像。

1993年，王勇峰随队冲击珠峰峰顶，在登顶成功后却在8700米被冰壁挂住，与指挥部失去联系整整28个小时。体力耗尽的王勇峰在别人遗弃营地里找到了几个残留的氧气瓶，最终奇迹般地独自返回了大本营。但他也付出了代价——因为严重冻伤，他被迫截去了三个脚趾。

1984年—2008年，王勇峰组织和攀登海拔5000米以上高峰达到22座，其中亲自登上顶峰15次之多，特别是2008年5月8日，担负奥运会火炬传递任务，最为艰难的传递路程莫过于珠穆朗玛峰，王勇峰担当了登往珠穆朗玛峰山顶传递圣火的重任，他不负众望，再一次成功登顶。毫无疑问，王勇峰是我国登山运动的探路者、引领者，他将继续领跑在世界雪山之巅，后面带出来的将是一个队伍，崛起的中国登山队伍。

用登山英雄王勇峰的话说："登山，其实是一项很安全的运动；但是，在攀登过程中，总会发生许多不可预知的事情，这一点，正是它的魅力所在。"

"每次下山后，地面上的每一棵绿草都让我感动。有时，我真想紧紧拥抱一棵大树；有时，我甚至觉得在街上骑自行车的人是幸福的。生命最可贵，平安最幸福。经受的死亡考验越多，我对此的感受便越真切。"王勇峰说。

后　记

时逢内蒙古自治区成立70周年，我们在内蒙古人民出版社的帮助指导下，组建了《话说内蒙古·集宁区》编委会与编写组，确立"以优异成绩迎接党的十九大、庆祝自治区成立70周年"为编写主题，力图通过文字图片展示自治区成立70周年来，集宁区各族人民欢乐祥和、健康向上、幸福安康的新生活，展示集宁区经济社会不断发展的新成就，展示各族人民大团结、大繁荣的新风貌。历时四个月，编写组于2017年4月完成了书籍的送审稿。

书籍编写过程中，我们得到了中共集宁区委、区政府的大力支持和区委宣传部的关心指导，市、区两级作家协会、摄影家协会多位专家老师欣然赐稿，使书籍的编写工作得以顺利展开。在此，编委会全体成员向为本书的编纂出版工作付出劳动的各位领导和所有专家学者表示诚挚的谢意。书中所刊部分图文作者未能及时取得联系，请作者见书后联系编辑部，我们将诚表谢意！同时，我们还参考了一些史料文献，恕不一一列举致谢。

在社会各界同仁的大力支持下，我们顺利完成了《话说内蒙古·集宁区》书稿的编写工作，但是，由于时间紧迫、能力有限，差错纰漏在所难免，敬请各位读者批评赐教。

编　者

2017年4月28日